Münster, 24.12.2005

Frohe Weihnachten und ein spannendes Schmökern in diesem bunten Büchlein.

Dein Bruder Robin

P.S.: mit digitaler CD-ROM!

erinnern oder das,
was wir geschichte nennen
125 jahre in bildern

damm und lindlar verlag

WGZ BANK
SEIT 1884

125
WGZ BANK
SEIT 1884

erinnern oder das,
was wir
geschichte nennen

125 jahre in bildern

Eine Ausstellung
der WGZ BANK
aus Anlass ihres
125-jährigen Jubiläums
14.10. bis 18.12.2009

herausgegeben
von Ulrike Damm

mit einem Vorwort
von Jochen Boberg

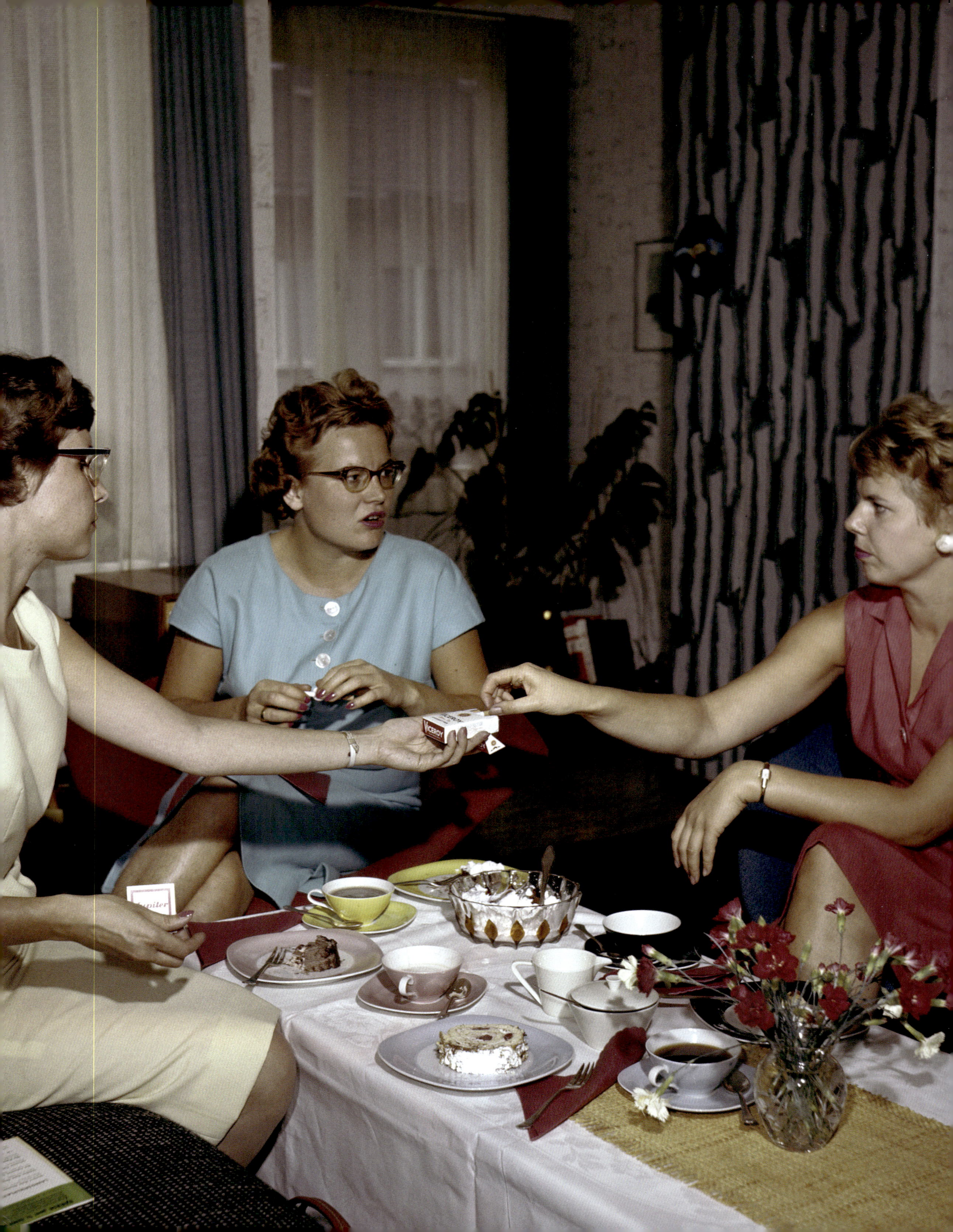
VICEROY

Inhalt

Grußwort
Werner Böhnke   7

Auf Zeit spielen …
Jochen Boberg   9

Ohne Gewissheit
Ulrike Damm   13

Katalog
1884 bis 2009   14

Anhang
   Zum historischen Tonmaterial   138
   Bildnachweis   146
   Personenregister   155
   Autorenverzeichnis   162
   Autorennachweis   164
   Verzeichnis der Leihgeber   166
   Impressum   168

Werner Böhnke
Grußwort des Vorstandsvorsitzenden der WGZ BANK

Erinnerung ist eine Form der Begegnung, einer Begegnung mit sich selbst, mit einem früheren Ich, die immer wieder neugierig macht. Und einer Begegnung, die einlädt, innezuhalten, alte und vertraute Perspektiven erneut einzunehmen, aber auch Fragen zu stellen. Auf diese Weise wird die Begegnung zum Dialog, zu etwas Lebendigem, zu einer wieder ganz besonderen und neuen Erfahrung.

Erinnern, das ist Rückblick, Zurückdenken und Wiedererkennen. Die Geschichte der WGZ BANK, deren Gründungstag sich im Jahr 2009 zum 125. Male jährt, gibt reichlich Gelegenheiten zur Erinnerung – Erinnerungen an vergangene Ereignisse und Menschen, die vor uns gewirkt haben. Das ist eine wirksame Bereicherung, da man nicht nur sich selbst begegnet, sondern diese Begegnung sich zu einem lang anhaltenden Erlebnis ausdehnt.

Die WGZ BANK beherbergt eine Vielzahl von Kunstwerken, die aus ihrem regionalen Umfeld stammen. Wir verstehen dies als Teil unseres regionalen Förderauftrages, der sich auch auf die Akademien und Kunsthochschulen in unserem Geschäftsgebiet im Rheinland und in Westfalen erstreckt. In unseren Ausstellungen finden vor allem junge Künstlerinnen und Künstler eine Gelegenheit, ihre Werke zu präsentieren.

Kunst in der WGZ BANK ist Gegenstand täglicher Begegnungen. Die Exponate, die wir erworben haben, laden unsere Gäste und die Mitarbeiterinnen und Mitarbeiter zu einem andauernden Dialog mit der Kunst ein. Von den über tausend Kunstwerken, die zur Sammlung unseres Hauses zählen, befindet sich der größte Teil in unseren Besprechungsräumen, den Durchgangshallen und in den Büroräumen. Wir versprechen und erhoffen uns davon einen offenen Umgang der Menschen, die sich in den Räumlichkeiten der WGZ BANK bewegen, mit der Kunst. Die Gemälde, Skulpturen und Installationen dienen nicht primär der optischen Verschönerung des Innenlebens unserer Bank, sondern sind eine deutliche Bejahung der Kunst als eines wichtigen Bestandteils des Lebens, auch des Geschäfts- und Arbeitslebens.

Im Rahmen unserer Sonderausstellung *erinnern oder das, was wir geschichte nennen* präsentieren wir Werke von Anton von Werner, Hans Baluschek, Hannah Höch, Karl Hofer, Werner Heldt, Wolfgang Mattheuer, Bernhard Heisig und vielen anderen. Sie alle laden zum

Verweilen ein, zum Innehalten, zur Rastzeit, um sich seinen eigenen, persönlichen Erinnerungen hinzugeben. Dabei geht es nicht nur um Assoziationen, die das einzelne Bild mit seiner Gegenständlichkeit direkt hervorruft, sondern auch um ein Wachrufen ureigenster Erinnerungsfragmente.

Die Ausstellung zeigt – dem thematischen Verweis unseres 125-jährigen Jubiläums folgend – Werke der letzten fünf Generationen, unterteilt in 25 Kapitel à fünf Jahre seit 1884. Werke aus Deutschland, dem Kaiserreich, den zwei Weltkriegen. Werke der Diktatur und der Demokratie, der Krise und des Wirtschaftswunders, der Teilung und der Wiedervereinigung. Fast 200 Bilddokumente und 26 Originale wurden für die Ausstellung ausgewählt. Diese Bilder werden von Gedichten begleitet, die mit ihrer eigenen Sichtweise wie Fokussierungen auf einzelne Zeitpunkte wirken, ohne dabei den Kontext ihrer eigenen Geschichtlichkeit zu verneinen oder zu unterdrücken.

Die Interpretation eines Kunstwerkes ist immer auch Ausdruck eines subjektiven Wahrnehmungsprozesses. Durch die Betrachtung eines Bildes lernt man nicht nur etwas über Werk und Künstler, sondern auch über sich selbst. Nicht das Bild stellt dem Betrachter Fragen, sondern das Bild regt den Betrachter an, Fragen zu stellen, entlockt ihm das, was ihn ohnehin beschäftigt und umtreibt. Sich dieser Begegnung mit sich selbst zu stellen, dazu lädt Kunst ein, dazu fordert sie auf, dazu regt sie an, und manchmal regt sie auch auf. So entsteht ein lebendiger Dialog.

Unser Dank gilt den Leihgebern und den Künstlern, die sich auf den ungewohnten, den ungewöhnlichen Blick eingelassen haben.

Zu danken haben wir Ulrike Damm, die mit ihrem Team das Ganze entwickelt und ihm ein Gesicht gegeben hat.

Die Erinnerung ist das einzige Paradies,
aus dem wir nicht vertrieben werden können.
Jean Paul

Jochen Boberg
Auf Zeit spielen …

Die Zeit ist eine eigentümliche Dimension, nicht greifbar, nicht aufzuhalten und von so unterschiedlicher Dauer, dass das analoge oder digitale Maß unserem Empfinden einfach nicht entsprechen will (wenige Minuten können schmerzhaft lang, auch erschreckend kurz sein).

Der im 18. Jahrhundert revolutionäre Philosoph Immanuel Kant nimmt Raum und Zeit als gesetztes Apriori unserer Weltwahrnehmung. Es sind Formen unseres Denkens, die wir auf alles Erfahrbare anwenden. Ob die Welt wirklich so ist, das wissen wir nicht. Einstein lässt Raum und Zeit konvergieren: eine zweite kopernikanische Wende, die unserer Alltagserfahrung den Boden unter den Füßen wegzieht. Und heute, in Zeiten der Strings, der raumlosen Masse, der Wurmlöcher im Universum, des n-dimensionalen Denkens überlassen wir das Ganze den einschlägigen Wissenschaften.

Marcel Proust schreibt zu Beginn des 20. Jahrhunderts in seinem monumentalen Werk *Auf der Suche nach der verlorenen Zeit*: „Ein Gefühl der Ermüdung und des Grauens befiel mich bei dem Gedanken, dass diese ganze so lange Zeit nicht nur ohne Unterbrechung von mir gelebt, gedacht und wie ein körperliches Sekret abgelagert worden, und dass sie mein Leben, dass sie ich selber war, sondern dass ich sie auch noch jede Minute bei mir festhalten musste, dass sie mich, der ich auf ihrem schwindelnden Gipfel hockte und mich nicht rühren konnte ohne sie ins Gleiten zu bringen, gewissermaßen trug." Und er endet mit den Worten: „(ich würde) um mein Werk zu vollenden, in ihm die Menschen (und wenn sie daraufhin auch wahren Monstern glichen) als Wesen beschreiben, die neben dem so beschränkten Anteil an Raum, der für sie ausgespart ist, einen im Gegensatz dazu unermesslich ausgedehnten Platz einnehmen in der ZEIT."

Martin Walser setzt am Ende des 20. Jahrhunderts in seinem Buch *Ein springender Brunnen* zu Vergangenheit und Gegenwart ein Gedankenspiel an, das in höchstem Maß verwirrt (s. S. 114) und das den ironisch klingenden Satz von Albert Camus, er habe bei der Wahl zwischen der Geschichte und dem Ewigen die Geschichte gewählt, weil er die Gewissheiten liebe, noch einmal ins Absurde wendet.

Die Ausstellung und das begleitende Buch unter dem Titel *erinnern oder das, was wir geschichte nennen* spielen mit den Eigenheiten dieser Dimension, die im Grunde für jeden von uns „Lebenszeit" bedeutet und darin ihr Maß hat.

Wenn nun ein Jubiläum ansteht, verlassen Chronisten gerne dieses Maß, sind der einen historischen Wahrheit auf der Spur und setzen sie selbstbewusst in die Welt, ohne ihre Vergänglichkeit zu bedenken. Zugegeben: der Mensch bedarf immer wieder solcher Gewissheiten, solcher Orientierungen im Fluss der Zeit. Aber man darf auch einen anderen Weg gehen, einen offeneren, der nicht behauptet, sondern nahelegt und den sich seiner selbst bewussten Betrachter fordert, einen Menschen, der initiativ denkt, sich auf das Spiel einlässt und schließlich zu einem eigenen Bild kommt. Das ist selbst in unserer entwickelten Gesellschaft immer noch ein Risiko: Man erklärt sein Gegenüber zum mündigen Bürger.

Als die WGZ BANK zu ihrem 125-jährigen Jubiläum einen derart offenen Auftrag an die Ausstellungsmacherin Ulrike Damm gab, hat sie dieses Risiko auf sich genommen. Grundsolide in den Geschäften und sicher auch in stürmischer Zeit, bleibt sie ihrem Motto einer Initiativbank treu, vertraut erneut der Kunst, dem kreativen Weg als inspirierendem Lebensmittel.

Als etwa zur Gründungszeit der WGZ BANK, kurz nach 1884, der erste Rollfilm auf den Markt kam, stürzte endgültig eine Bilderflut auf uns ein. Schon 1727 hatte ein erfinderischer Geist die Idee, die Wirklichkeit über einen chemischen Prozess direkt zu fixieren. Nach vielen Entwicklungsstufen war es dann so weit, tatsächlich verbunden mit der Überzeugung, nun einen Augenblick, eine Situation zutreffend festhalten zu können. Einige Milliarden Fotografien, Dokumente aus allen Lebensbereichen sind in den letzten 125 Jahren in Deutschland entstanden und erhalten geblieben. Einige hundert davon sind zu Denkmälern geworden, zu „wahren" Bildern einer Person, eines Ereignisses, einer Zeit. In Wirklichkeit wurden damit eher Mythen gebildet, wie beim behaupteten Beginn des Zweiten Weltkriegs auf der symbolträchtigen Westerplatte. Heute sind wir etwas klüger, wissen um das Subjektive und um die Manipulierbarkeit von Bildern und Nachrichten.

Wie kann man es da wagen, 125 Jahre Geschichte in einer Auswahl von Bildern fassen zu wollen, die zudem den Betrachter nicht durch Masse erschlägt? Man muss ein „künstliches", ein künstlerisches Werk erfinden, einen subjektiven Zugriff wagen, der die Arbeit tausender Historiker nicht ersetzen will. Das Bekenntnis zum eigenen, eigentümlichen Blick ist Voraussetzung. So kann ein „Bild" entstehen, das unsere Wahrnehmung schärft, uns sensibilisiert und ein Stück weit erlebte

Wahrheit in uns entstehen lässt, geleitet durch eigene Erfahrungen und Erinnerungen. Diesen Weg hat Ulrike Damm in der Ausstellung, im begleitenden Buch angelegt. Gestellte Szenen, Zufallsfotos, Auftragsarbeiten aus unterschiedlichen Lebensfeldern werden in Schritten von fünf Jahren so zusammengeführt, dass sie einen Geschmack, einen Geruch, ein Gefühl erzeugen, die Zeit spüren lassen. Man spürt den Geist der Gründerzeit, der Weltkriege, der Katastrophen und des Wiederfindens. Auf Kommentare wird notwendig verzichtet. Die Fotos und Dokumente müssen für sich sprechen. Begleitende Sprache geben Gedichte aus den Zeiten und die originalen Werke der Künstler, die – eine Eigenart der Künste – die Zeit fokussieren. Hinzu kommen Beispiele einer anderen Kunstart, der Oper, zum einen als historische Dokumente, dann ergänzt um Einspielungen bedeutender Interpreten aus der Zeit technisch besserer Tonaufzeichnung.

So fügt sich das etwas andere Bild von Generationen, ihrem Leben und dem Weg in unsere Gegenwart. Das eigene Erinnern ist ein wichtiger Teil dieses Weges. Mein Großvater wurde 1871 geboren. Er ist über 80 Jahre alt geworden, und so konnte ich eine gemessene Zeit an seiner Seite leben. Daran erinnere ich mich, und aus seinen Geschichten ist für mich Geschichte geworden. Darf man das so sagen?

Dass eine Bank ein solches Spiel trägt, es uneigennützig fördert, überrascht heute. So wie ich die Handelnden der WGZ BANK kennen lernen durfte, liegt jedoch Sinn in dieser Entscheidung. Sie setzen auf selbstbewusste Partner und die Kraft der Kreativität. Diese Haltung hat in der Ausstellung ihren Spiegel.

	Wilhelm Busch
	Richard Dehmel
	Conrad Ferdinand Meyer
	Friedrich Nietzsche
	Ricarda Huch
	Hugo von Hofmannsthal
Paul Flickel	Rainer Maria Rilke
Anton von Werner	Christian Morgenstern
Fritz Gehrke	Georg Trakl
Hans Baluschek	Theodor Däubler
Otto Antoine	Max Dauthendey
Moriz Melzer	Gottfried Benn
Erich Büttner	Max Herrmann-Neiße
Hannah Höch	Stefan George
Karl Hofer	Bertolt Brecht
Oscar Zügel	Kurt Tucholsky
Georg Netzband	Erich Kästner
Adolf Ziegler	Else Lasker-Schüler
Werner Heldt	Ernst Toller
Hans Laabs	Wolfgang Borchert
Gerhard Altenbourg	Mascha Kaléko
Wolfgang Petrick	Hilde Domin
Harald Duwe	Friedrich Christian Delius
Bernhard Heisig	Ingeborg Bachmann
Konrad Klapheck	Paul Celan
Wolfgang Mattheuer	Franz Werfel
Heinrich Tessmer	Erich Fried
Ulrich Baehr	Eugen Roth
Wolfram Odin	Thomas Brasch
Esther Horn	Hermann Broch
Ursula Hentschläger	Nelly Sachs
und Zelko Wiener	Helmut Heißenbüttel
	Marie Luise Kaschnitz
	Rose Ausländer
	Hans Magnus Enzensberger
	Loriot
	Wolfdietrich Schnurre
	Martin Walser
	Joachim Ringelnatz
	Günter Grass
	Peter Rühmkorf

Ulrike Damm
Ohne Gewissheit

125 Jahre in Deutschland: Kaiserreich, zwei Weltkriege, Diktaturen und Demokratie, Teilung und Wiedervereinigung.

Ich habe die Geschichte gewählt, weil ich die Gewissheiten liebe.
Albert Camus, Mythos des Sisyphos

Gewissheiten gibt es nicht. Nicht in der Geschichte, nirgendwo. Gäbe es sie, wären wir mit einem Weltkrieg ausgekommen. Oder es gäbe nur Frieden oder nur Krieg. Das eben, was als gewiss gälte. So aber leben wir immer wieder erneut das ganze Spektrum.

Wir wissen nicht, wir lernen nicht. Wir hoffen, glauben, wägen ab und verändern. Auch unsere Wahrheiten passen wir an unsere Gegebenheiten an. Heute sind sie anders als morgen. Für sie anders als für ihn. In Indien anders als in Russland. Demokratie hier anders als dort. Nichts ist absolut. Auch die Bilder, die wir sehen, sind nur Ausschnitte, eine Auswahl. Aber sie bilden Tendenzen ab, zeigen Richtungen an.

Zwei Weltkriege, deren Geschichte sich wie visuelle Codes durch die langen Jahre brennen: Vorkriegs-, Kriegs-, Nachkriegszeit. Die Bilder, in ihren verschiedenen Kategorien, erzählen eine Geschichte von Normen, Regeln, Verhältnissen, Ansprüchen, Wünschen, Erinnerungen. Sie erzählen die Zeit.

Niemals werden zwei Menschen eine gemeinsam erlebte Geschichte mit den gleichen Worten beschreiben. Und so entspricht keins der je gesprochenen Worte, der je entstandenen Bilder nicht einer gelebten Wahrheit. Aber ohne Gewissheit. So ist das mit der Geschichte.

1884

Die Liebe war nicht geringe.
Sie wurden ordentlich blaß;
sie sagten sich tausend Dinge
und wußten noch immer was.

Sie mußten sich lange quälen,
doch schließlich kam's dazu,
daß sie sich konnten vermählen.
Jetzt haben die Seelen Ruh.

Bei eines Strumpfes Bereitung
sitzt sie im Morgenhabit;
er liest in der Kölnischen Zeitung
und teilt ihr das Nötige mit.

Wilhelm Busch

Der Arbeitsmann

Wir haben ein Bett, wir haben ein Kind,
mein Weib!
Wir haben auch Arbeit, und gar zu zweit,
Und haben die Sonne und Regen und Wind.
Und uns fehlt nur eine Kleinigkeit,
Um so frei zu sein, wie die Vögel sind:
Nur Zeit.

Wenn wir Sonntags durch die Felder gehn,
mein Kind,
Und über den Ähren weit und breit
Das blaue Schwalbenvolk blitzen sehn,
Oh, dann fehlt uns nicht das bißchen Kleid,
Um so schön zu sein, wie die Vögel sind:
Nur Zeit.

Nur Zeit! Wir wittern Gewitterwind,
wir Volk.
Nur eine kleine Ewigkeit;
Uns fehlt ja nichts, mein Weib, mein Kind,
Als all das, was durch uns gedeiht,
Um so kühn zu sein, wie die Vögel sind.
Nur Zeit!

Richard Dehmel

1   Bürgerliches Paar beim Besuch
der Permanenten Ausstellung des
Hamburger Kunstvereins.
Aquarell von H. Bartels, 1884.

8   Paul Flickel (1852 – 1903)
Am Havelufer, um 1880
Öl auf Leinwand, 66 x 89 cm
Leihgeber: Stiftung Stadtmuseum Berlin,
Landesmuseum für Kultur und
Geschichte Berlins

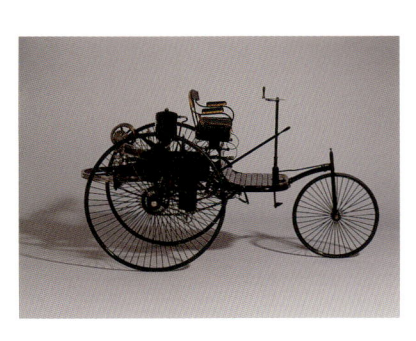

2   1886 stellt Carl Benz der Öffentlichkeit seinen ersten „Patent-Motorwagen" vor.

3   Die erste elektrische Straßenbahn der Welt fährt ab 1881 in Lichterfelde bei Berlin. Gebaut wurde sie von Siemens.

Fülle

Genug ist nicht genug! Gepriesen werde
Der Herbst! Kein Ast, der seiner Frucht entbehre!
Tief beugt sich mancher allzureich beschwerte,
Der Apfel fällt mit dumpfem Laut zu Erde.

Genug ist nicht genug! Es lacht im Laube!
Die saftge Pfirsche winkt dem durstgen Munde!
Die trunknen Wespen summen in die Runde:
„Genug ist nicht genug!" um eine Traube.

Genug ist nicht genug! Mit vollen Zügen
Schlürft Dichtergeist am Borne des Genusses,
Das Herz, auch es bedarf des Überflusses,
Genug kann nie und nimmermehr genügen!

Conrad Ferdinand Meyer

4 *Ansicht der Lokomotivfabrik Krauss & Comp., München*, 1882. Gemälde von Friedrich Perlberg.

5 Carl Peters, hier mit einem afrikanischen Bediensteten, gründet 1885 die Deutsch-Ostafrikanische Gesellschaft.

Selbstkritik

Die Selbstkritik hat viel für sich.
Gesetzt den Fall, ich tadle mich,
So hab ich erstens den Gewinn,
Daß ich so hübsch bescheiden bin;
Zum zweiten denken sich die Leut,
Der Mann ist lauter Redlichkeit;
Auch schnapp ich drittens diesen Bissen
Vorweg den andern Kritiküssen;
Und viertens hoff ich außerdem
Auf Widerspruch, der mir genehm.
So kommt es denn zuletzt heraus,
Daß ich ein ganz famoses Haus.

Wilhelm Busch

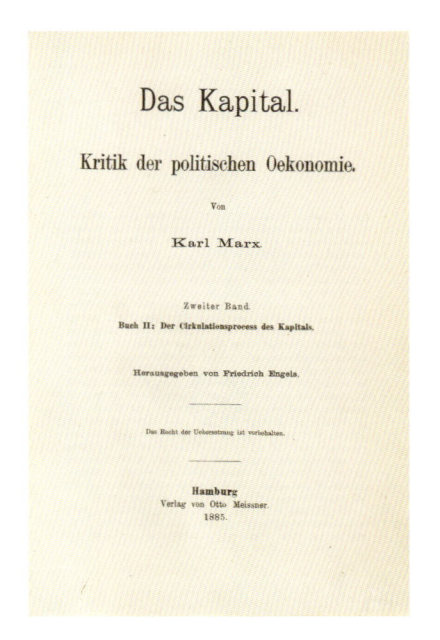

6   1885 erscheint postum der zweite Band des Kapitals von Karl Marx, herausgegeben von Friedrich Engels.

7   1886 wird in Berlin das Varieté *Wintergarten* eröffnet. Plakatentwurf von Fritz Wolff.

1889

Der Einsame

Verhaßt ist mir das Folgen und das Führen.
Gehorchen? Nein! Und aber nein – Regieren!
Wer s i c h nicht schrecklich ist, macht Niemand Schrecken:
Und nur wer Schrecken macht, kann Andre führen.
Verhaßt ist mir's schon, selber mich zu führen!
Ich liebe es, gleich Wald- und Meeresthieren,
Mich für ein gutes Weilchen zu verlieren,
In holder Irrnis grüblerisch zu hocken,
Von ferne her mich endlich heimzulocken,
Mich selber zu mir selber – zu verführen.

Friedrich Nietzsche

1   Das Ehepaar August und Anna Maria Beck aus dem Altmühltal.

2   Zustellung mit dem Handwagen: Fahrer der 1845 gegründeten Züricher Chokoladenfabrik Lindt & Sprüngli AG.

3   Otto von Bismarck verlässt nach seinem Rücktritt am 29. März 1890 den Bahnhof.

8   Anton von Werner
(1843 – 1915)
Farbskizze zu dem Gemälde
Kaiser Friedrich als Kronprinz auf dem Hofball 1878, 1887
Öl / Malpappe, 68 x 49 cm
Leihgeber: Stiftung
Stadtmuseum Berlin,
Landesmuseum für Kultur
und Geschichte Berlins

4   Diskussion zwischen einem Arbeiter-Ausschuss und einem Fabrikbesitzer. Holzstich (1891) nach einer Zeichnung von Emil Schwabe.

Bekenntnis

Ich will ergründen alle Lust,
so tief ich dürsten kann;
ich will sie aus der ganzen Welt
schöpfen, und stürb' ich dran.

Ich will's mit all der Schöpferwut,
die in uns lechzt und brennt;
ich will nicht zähmen meiner Glut
heißhungrig Element.

Ward ich durch frommer Lippen Macht,
durch zahmer Küsse Tausch?
Ich ward erzeugt in wilder Nacht
und großem Wollustrausch!

Und will nun leben so der Lust,
wie mich die Lust erschuf.
Schreit nur den Himmel an um mich,
ihr Beter von Beruf!

Richard Dehmel

5   Kaiser Wilhelm II. und Reichskanzler
Otto von Bismarck vor Schloss Friedrichsruh.
Fotografie von M. Ziesler.

6   Bertha von Suttner. Fotografie von Mertens,
Mai & Cie. Wien
6a Ihr 1889 veröffentlichter Roman *Die Waffen
nieder!* macht Bertha von Suttner zur prominentesten
Vertreterin der Friedensbewegung.

Nicht alle Schmerzen sind heilbar

Nicht alle Schmerzen sind heilbar, denn manche schleichen
Sich tiefer und tiefer ins Herz hinein,
Und während Tage und Jahre verstreichen,
Werden sie Stein.

Du sprichst und lachst, wie wenn nichts wäre,
Sie scheinen zerronnen wie Schaum.
Doch du spürst ihre lastende Schwere
Bis in den Traum.

Der Frühling kommt wieder mit Wärme und Helle,
Die Welt wird ein Blütenmeer.
Aber in meinem Herzen ist eine Stelle,
Da blüht nichts mehr.

Ricarda Huch

7 Die *Deutsche Allgemeine Ausstellung für Unfallverhütung* unter der Schirmherrschaft Wilhelms II. zeigt Möglichkeiten zur Verbesserung der Arbeitsbedingungen und zum Schutz der Arbeiter. Plakatentwurf von Emil Döppler.
7a Unfall in einer Maschinenfabrik.

1894

Ballade des äußeren Lebens

Und Kinder wachsen auf mit tiefen Augen,
Die von nichts wissen, wachsen auf und sterben,
Und alle Menschen gehen ihre Wege.

Und süße Früchte werden aus den herben
Und fallen nachts wie tote Vögel nieder
Und liegen wenig Tage und verderben.

Und immer weht der Wind, und immer wieder
Vernehmen wir und reden viele Worte
Und spüren Lust und Müdigkeit der Glieder.

Und Straßen laufen durch das Gras, und Orte
Sind da und dort, voll Fackeln, Bäumen, Teichen,
Und drohende, und totenhaft verdorrte …

Wozu sind diese aufgebaut? Und gleichen
Einander nie? Und sind unzählig viele?
Was wechselt Lachen, Weinen und Erbleichen?

Was frommt das alles uns und diese Spiele,
Die wir doch groß und ewig einsam sind
Und wandernd nimmer suchen irgend Ziele?

Was frommt's, dergleichen viel gesehen haben?
Und dennoch sagt der viel, der „Abend" sagt,
Ein Wort, daraus Tiefsinn und Trauer rinnt

Wie schwerer Honig aus den hohlen Waben.

Hugo von Hofmannsthal

1   Ehepaar. Privates Fotoalbum.

2   Dreherei zur Herstellung von Teilen zum Maschinenbau.

8 Fritz Gehrke (1855 – nach 1916)
Die Sprengung des Berliner Doms, 1893
Öl auf Leinwand, 123 x 84 cm
Leihgeber: Stiftung Stadtmuseum Berlin,
Landesmuseum für Kultur und
Geschichte Berlins

Vereinsamt

Die Krähen schrein
Und ziehen schwirren Flugs zur Stadt:
Bald wird es schnein, –
Wohl dem, der jetzt noch – Heimat hat!

Nun stehst du starr,
Schaust rückwärts, ach! wie lange schon!
Was bist du Narr
Vor Winters in die Welt entflohn?

Die Welt – ein Tor
Zu tausend Wüsten stumm und kalt!
Wer das verlor,
Was du verlorst, macht nirgends Halt.

Nun stehst du bleich,
Zur Winter-Wanderschaft verflucht,
Dem Rauche gleich,
Der stets nach kältern Himmeln sucht.

Flieg, Vogel, schnarr
Dein Lied im Wüstenvogel-Ton! –
Versteck, du Narr,
Dein blutend Herz in Eis und Hohn!

Die Krähen schrein
Und ziehen schwirren Flugs zur Stadt:
Bald wird es schnein, –
Weh dem, der keine Heimat hat!

Friedrich Nietzsche

3   Zwischen 1830 und 1914 wandern fast fünf Millionen Deutsche nach Amerika aus.

4   Nachdem Gerhart Hauptmann 1894 erklärt hat, bei dem Stück handele es sich nicht um eine sozialdemokratische Parteischrift, dürfen *Die Weber* im Deutschen Theater Berlin aufgeführt werden. Kaiser Wilhelm II. kündigt daraufhin aus Protest seine Theaterloge. Plakatentwurf von Emil Orlik.

Mein Land und Ihr

Ein Land zu lieben ist leicht.
Dieses wo immer
ansprechende mit der sicheren Zeichensprache
von Bäumen, Böschungen, Waldrand
Wiedererkennbar noch
unter dem Sturzregenvorhang
in der Verzerrung der Blitze
und selbst die herbstfeuchte Blatthand
eine Liebkosung:

          Ihr aber, Euch
Bewohner meines Landes warum
kann ich euch nicht umarmen
mich von euch nicht belehren lassen
wie vom Schwan, der auffliegt
vom Regenbogen?

Zwischen meiner Sprache und eurer
die dieselbe ist, gibt es keine Verständigung.
In euren Augen seh ich meine Blutschuld
mein Schwanken, meinen Mangel an Liebe.
Ich zittre vor dem, was wir wieder anzetteln werden
Eh noch das Schwarzblatt meine Wange streift.

Marie Luise Kaschnitz

Ich bin so jung

Ich bin so jung. Ich möchte jedem Klange,
der mir vorüberrauscht, mich schauernd schenken,
und willig in des Windes liebem Zwange,
wie Windendes über dem Gartengange,
will meine Sehnsucht ihre Ranken schwenken.

Und jeder Rüstung bar will ich mich brüsten,
solang ich fühle, wie die Brust sich breitet.
Denn es ist Zeit, sich reisig auszurüsten,
wenn aus der frühen Kühle dieser Küsten
der Tag mich in die Binnenlande leitet.

Rainer Maria Rilke

5   Dem Pionier der Momentfotografie Ottomar Anschütz gelingen sensationelle Aufnahmen von Flügen Otto Lilienthals.

6   In dem 1896 veröffentlichten Buch *Der Judenstaat* wendet Theodor Herzl sich gegen die Judenfeindlichkeit und begründet den Zionismus.

7   1879 gründet sich die Satirezeitschrift *Der Wahre Jacob*. Sie erscheint mit Unterbrechungen bis 1933.

1899

An einen verlorenen Freund

Ich sah die Tränen, die verschwiegnen,
die hinter deine Lider drangen,
als du der vielen unerstiegnen
Pfade dachtest, die du nicht gegangen.

Als meine Worte, ohne es zu wollen,
dir weckten, wie wir einst vereint geschritten,
als du empfandst im martervollen
Herzen, was dir abgeschnitten.

Nicht abgeschnitten durch dich selber so,
als durch das Weib, das all dein Leben lähmte,
die breite, niegestillte, niegezähmte
Bestie, nur auf deinem Schweiße froh.

Ich sah's und hemmte selber kaum die Tränen,
wie du so standst, von Scham und Gram zerfressen, –
ich sah's und knirschte heimlich mit den Zähnen ...
Vergib, dass ich es sah. Es sei vergessen.

Christian Morgenstern

1   Doppelporträt des Kaiserpaares Wilhelm II. und Auguste Victoria auf einer Automatenblechdose für Pastillen.

2   Der erste Mercedes „Simplex" von 1901. 1902 lässt die Daimler-Motoren-Gesellschaft die Marke Mercedes gesetzlich schützen.

3   Tanzschule.

Liebes-Lied

Wie soll ich meine Seele halten, daß
sie nicht an deine rührt? Wie soll ich sie
hinheben über dich zu andern Dingen?
Ach gerne möcht ich sie bei irgendwas
Verlorenem im Dunkel unterbringen
an einer fremden stillen Stelle, die
nicht weiterschwingt, wenn deine Tiefen schwingen.
Doch alles, was uns anrührt, dich und mich,
nimmt uns zusammen wie ein Bogenstrich,
der aus zwei Saiten *eine* Stimme zieht.
Auf welches Instrument sind wir gespannt?
Und welcher Geiger hat uns in der Hand?
O süßes Lied.

Rainer Maria Rilke

8   Hans Baluschek (1870 – 1935)
Arbeiterinnen, 1900
Öl auf Leinwand, 121 x 176,5 cm
Leihgeber: Stiftung Stadtmuseum
Berlin, Landesmuseum
für Kultur und Geschichte

Ich fürchte mich so vor der Menschen Wort

Ich fürchte mich so vor der Menschen Wort.
Sie sprechen alles so deutlich aus:
Und dieses heißt Hund und jenes heißt Haus,
und hier ist Beginn und das Ende ist dort.

Mich bangt auch ihr Sinn, ihr Spiel mit dem Spott,
sie wissen alles, was wird und war;
kein Berg ist ihnen mehr wunderbar;
ihr Garten und Gut grenzt grade an Gott.

Ich will immer warnen und wehren: Bleibt fern.
Die Dinge singen hör ich so gern.
Ihr rührt sie an: sie sind starr und stumm.
Ihr bringt mir alle die Dinge um.

Rainer Maria Rilke

4   Produktion von Kleinmotoren bei der AEG.

5   1899 nimmt Bertha von Suttner als einzige Frau an der 1. Haager Friedenskonferenz teil, bei der das Verbot von Dumdum-Geschossen und Kampfgas beschlossen und die Konvention zur Schlichtung internationaler Konflikte durch das Haager Tribunal verabschiedet wird. 1905 erhält Bertha von Suttner den Friedensnobelpreis.

Die Behörde

Korf erhält vom Polizeibüro
ein geharnischt Formular,
wer er sei und wie und wo.

Welchen Orts er bis anheute war,
welchen Stands und überhaupt,
wo geboren, Tag und Jahr.

Ob ihm überhaupt erlaubt,
hier zu leben und zu welchem Zweck,
wieviel Geld er hat und was er glaubt.

Umgekehrten Falls man ihn vom Fleck
in Arrest verführen würde, und
drunter steht: Borowsky, Heck.

Korf erwidert darauf kurz und rund:
„Einer hohen Direktion
stellt sich, laut persönlichem Befund,

untig angefertigte Person
als nichtexistent im Eigen-Sinn
bürgerlicher Konvention

vor und aus und zeichnet, wennschonhin
mitbedauernd nebigen Betreff,
Korf. (An die Bezirksbehörde in –)."

Staunend liest's der anbetroffne Chef.

Christian Morgenstern

6   1898 spaltet sich auf Initiative von Walter Leistikow die *Berliner Secession* vom Verein Berliner Künstler ab, nachdem dieser für seine Ausstellungen wiederholt Werke zeitgenössischer Künstler abgelehnt hatte. Plakatentwurf von Wilhelm Schulz.

7   *Wie ich meine nächste Zeichnung machen werde.* Die satirische Wochenzeitschrift Simplicissimus erscheint von 1896 bis 1944 in München. Die Gestaltung wird von dem Illustrator Thomas Theodor Heine entscheidend geprägt.

1904

In den Nachmittag geflüstert

Sonne, herbstlich dünn und zag,
Und das Obst fällt von den Bäumen.
Stille wohnt in blauen Räumen
Einen langen Nachmittag.

Sterbeklänge von Metall;
Und ein weißes Tier bricht nieder.
Brauner Mädchen rauhe Lieder
Sind verweht im Blätterfall.

Stirne Gottes Farben träumt,
Spürt des Wahnsinns sanfte Flügel.
Schatten drehen sich am Hügel
Von Verwesung schwarz umsäumt.

Dämmerung voll Ruh und Wein;
Traurige Guitarren rinnen.
Und zur milden Lampe drinnen
Kehrst du wie im Traume ein.

Georg Trakl

1 Fotografie eines Paares um 1904, gefunden auf einem Flohmarkt. Fotografie von Gerd Danigel.

2 Das Korsett ist der Inbegriff der einengenden Frauenbekleidung des 19. Jahrhunderts.
Die Kritik an dieser Mode führt zu bequemeren Kleidungsstücken, die mehr Bewegung zulassen.

Die unmögliche Tatsache

Palmström, etwas schon an Jahren,
wird an einer Straßenbeuge
und von einem Kraftfahrzeuge
überfahren.

Wie war (spricht er, sich erhebend
und entschlossen weiterlebend)
möglich, wie dies Unglück, ja –:
daß es überhaupt geschah?

Ist die Staatskunst anzuklagen
in Bezug auf Kraftfahrwagen?
Gab die Polizeivorschrift
hier dem Fahrer freie Trift?

Oder war vielmehr verboten
hier Lebendige zu Toten
umzuwandeln, – kurz und schlicht:
Durfte hier der Kutscher nicht –?

Eingehüllt in feuchte Tücher,
prüft er die Gesetzesbücher
und ist alsobald im klaren:
Wagen durften dort nicht fahren!

Und er kommt zu dem Ergebnis:
Nur ein Traum war das Erlebnis.
Weil, so schließt er messerscharf,
nicht sein kann, was nicht sein darf.

Christian Morgenstern

8   Hans Baluschek (1870 – 1935)
Die Straßenwalze, o. J.
Öl auf Leinwand, 121 x 66 cm
Leihgeber: Bröhan-Museum,
Landesmuseum für Jugendstil,
Art Deco und Funktionalismus
(1889 – 1939), Berlin

Herbsttag

Herr: es ist Zeit. Der Sommer war sehr groß.
Leg deinen Schatten auf die Sonnenuhren,
und auf den Fluren laß die Winde los.

Befiehl den letzten Früchten voll zu sein;
gieb ihnen noch zwei südlichere Tage,
dränge sie zur Vollendung hin und jage
die letzte Süße in den schweren Wein.

Wer jetzt kein Haus hat, baut sich keines mehr.
Wer jetzt allein ist, wird es lange bleiben,
wird wachen, lesen, lange Briefe schreiben
und wird in den Alleen hin und her
unruhig wandern, wenn die Blätter treiben.

Rainer Maria Rilke

3 *Das Stufenalter der Frau*, Bilderbogen von F. Leibner, um 1900.

4 Dienstmädchen auf Rollschuhen auf dem Weg zum Einkauf.

Der Schlaf
2. Fassung

Verflucht ihr dunklen Gifte,
Weißer Schlaf!
Dieser höchst seltsame Garten
Dämmernder Bäume
Erfüllt von Schlangen, Nachtfaltern,
Spinnen, Fledermäusen.
Fremdling! Dein verlorner Schatten
Im Abendrot,
Ein finsterer Korsar
Im salzigen Meer der Trübsal.
Aufflattern weiße Vögel am Nachtsaum
Über stürzenden Städten
Von Stahl.

Georg Trakl

5   Theodor Herzl beim Verlassen der Synagoge während des 6. Zionistischen Kongresses 1903 in Basel.

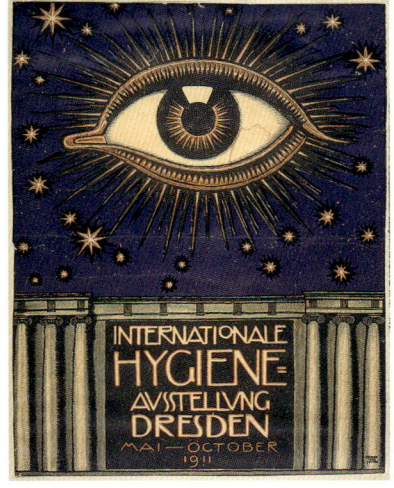

6   Internationale Hygiene-Ausstellung in Dresden 1911. Plakatentwurf von Franz von Stuck.

7   Vorbereitung auf das Leben: Spiel und Reichswehr.

1909

Der kurze Tag

Die Pferde bleiben auf dem kahlen Sattel stehen.
Es hat der Schweiß die Tiere wolkenweiß gemacht.
Erscheint ein Wandervolk für sein Nach-oben-gehen?
Ist das der Tag in alter Blutgewimmelschlacht?

Die Pferde auf dem Sattel wittern nach dem Westen.
Das Mohrenheer mit Mond und Sichel muß verschwinden.
Ein Volk mit blutgen Zungen baut sich Mittagsfesten.
Das Morgenrufen der Gebirge faßt die Blinden.

Die Felsen werden ihren Tag als Moos begreifen,
Auf ihre toten Lider sollen Schnecken träufeln.
Der Efeu kleidet sie mit schnellen Schwalbenschleifen,
Sie halten sich aus Angst vor blauen Teufeln.

Das Mondlicht war die Fieberfurcht von Pflanzenteichen.
Nun stehn die weißen Rosse dort, den Tod zu trinken.
Die frohen Wolken spiegeln sich als lila Leichen.
Die Sonne wird in einer Blutpfütze versinken.

Theodor Däubler

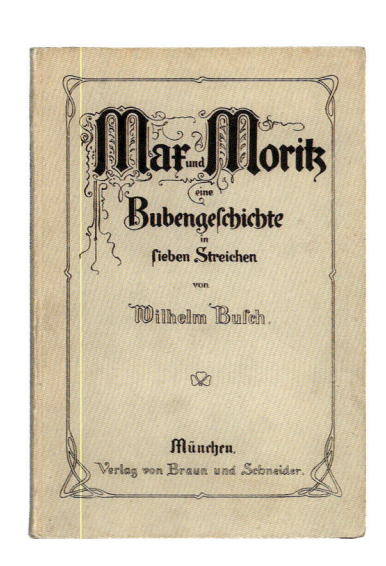

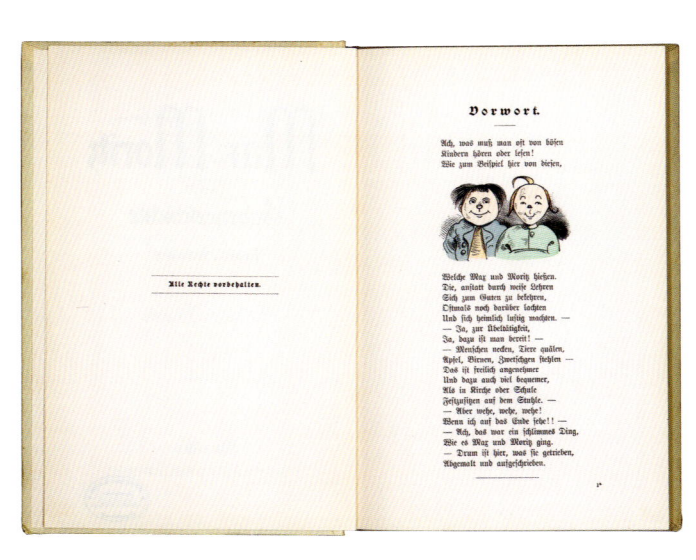

1 Wilhelm Buschs berühmtes Paar Max und Moritz.

2 Elektrischer Tee- und Wasserkessel, entworfen 1908 von Peter Behrens für die AEG. Der Architekt und Designer Peter Behrens führt Kunst, Technologie und Industrie in Alltagsgegenständen zusammen.

8   Otto Antoine (1865–1951)
Leipziger Platz, um 1910
Öl auf Leinwand, 51,7 x 86 cm
Leihgeber: Deutsches Historisches Museum Berlin

Kleines Konzert

Ein Rot, das traumhaft dich erschüttert –
Durch deine Hände scheint die Sonne.
Du fühlst dein Herz verrückt vor Wonne
Sich still zu einer Tat bereiten.

In Mittag strömen gelbe Felder.
Kaum hörst du noch der Grillen Singen,
Der Mäher hartes Sensenschwingen.
Einfältig schweigen goldene Wälder.

Im grünen Tempel glüht Verwesung.
Die Fische stehen still. Gottes Odem
Weckt sacht ein Saitenspiel im Brodem.
Aussätzigen winkt die Flut Genesung.

Geist Dädals schwebt in blauen Schatten,
Ein Duft von Milch in Haselzweigen.
Man hört noch lang den Lehrer geigen,
Im leeren Hof den Schrei der Ratten.

Im Krug an scheußlichen Tapeten
Blühn kühlere Violenfarben.
Im Hader dunkle Stimmen starben,
Narziß im Endakkord von Flöten.

Georg Trakl

3   Josef Friedrich Schmidt bringt 1910 das Gesellschaftsspiel *Mensch ärgere Dich nicht* heraus.

4   Vorspannen der Pferde in der Hauptpaketpost am Dammtorwall in Hamburg.

Es war einmal ein Tag, wo der Boden nicht brannte

Es war einmal ein Tag, wo der Boden nicht brannte,
Wo ich dich Sorglose als Sorgloser grüßte,
Wo ich dich Namenlose zum letzten Mal nannte,
Und dieser Tag geht jetzt niemals zur Rüste.

Ich ahnte nicht, welcher Fluch mir da drohte.
Nicht, als ich bewillkommte deine glitzernden Haare,
Daß unter meinen Fingern eine unbeweinte Tote,
Eine Ebengestorbene, und mein Herz eine Bahre.

Wie der Hochsommertag, aufgegangen in Bläue,
Lebte ich unendlich bis ans Ende der Erde.
Sprach das Wort „Liebe" aus und das Wort „Treue",
Wie Namen von Hausgerät am ererbten Herde.

Wußte nicht, daß da Tage ohne Gnade hinleben,
Wußte nicht, daß da Tage jeden Tag überragen,
Und jener, der will keinen Abend nie geben,
Ich muß ihn noch schlaflos durch die Nacht hintragen.

Seit jenem ist um mich ein Herbsten für immer,
Und von allen Tagen erkenn' ich das Ende,
Auf jüngsten Gesichtern den alternden Schimmer
Und die Todesstunde im Druck aller Hände.

O, daß ich noch einmal vom Sorglosen wüßte,
Von grimmigen Worten nur ohne Tat!
Niemals geht der endlose Tag zur Rüste,
Dessen Fluch den unsterblichsten Körper hat. –

Max Dauthendey

5 Am 27. August 1909 fliegt ein Zeppelin über Nürnberg.

6 1905 gründen Ernst Ludwig Kirchner, Fritz Bleyl, Erich Heckel und Karl Schmidt-Rottluff in Dresden die expressionistische Künstlergruppe *Brücke.* Ausstellungsplakat/Holzschnitt von Max Pechstein.

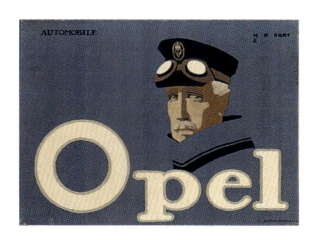

7 Werbeplakat für den Automobilhersteller Opel. Plakatentwurf von Rudi Erdt.

1914

Kasino

Menge war schon auf Kriegsschule ein Idiot.
Jetzt hat er eine Brigade in Päde-Rastenburg.
Päde-Rastenburg!! Ha, ha, ha. –

Morgens Kaffee im Bett ist wunderschön.
              Gräßlich. Wunderschön.
Ganz geteilte Auffassungen. –

„Sie Junker, fahren Sie mich hottehüh.
Ich sitze so schön in meinem Sessel
und möchte mal gern auf die Retirade –"
Gesprächabbrüche. Stille vorm Sturm:
Mensch, Arnim, Sie sind ganz unerschöpflich! –

Sind Sie schon mal dritter Klasse gefahren?
Ne, Sie? Muss mächtig intressant sein.
So ganz kleene Bänke sollen da drinstehn. –

Eine Kugel muß man sich im Kriege immer noch aufsparen:
fürn Stabsarzt, wenn er einen verpflastern will.
Na Prost, Onkel Doktor! –

Vorläufig bin ich ja noch rüstig.
Aber wenn ich mich mal auf Abbruch verheirate:
Brüste muß sie jedenfalls haben,
dass man Wanzen drauf knacken kann! –

Kinder! Heut nacht! Ein Blutweib! Sagt:
Arm kann er sein und dumm kann er sein;
aber jung und frisch gebadet.
Darauf ich: janz Ihrer Meinung, Gnädigste,
lieber etwas weniger Moral
und etwas äußere Oberschenkel.
Auf dieser Basis fanden wir uns.

Was für Figuren habt ihr denn auf dieser Basis aufgebaut?

Lachen einigt alles. –

Gottfried Benn

1 *Die Luftkämpfer. Deutscher Fliegeroffizier mit seinem Beobachter.*

Herbstseele

Jägerruf und Blutgebell;
Hinter Kreuz und braunem Hügel
Bindet sacht der Weiherspiegel,
Schreit der Habicht hart und hell.

Über Stoppelfeld und Pfad
Banget schon ein schwarzes Schweigen;
Reiner Himmel in den Zweigen;
Nur der Bach rinnt still und stad.

Bald entgleitet Fisch und Wild.
Blaue Seele, dunkles Wandern
Schied uns bald von Lieben, Andern.
Abend wechselt Sinn und Bild.

Rechten Lebens Brot und Wein,
Gott in deine milden Hände
Legt der Mensch das dunkle Ende,
Alle Schuld und rote Pein.

Georg Trakl

8   Moriz Melzer
(1877 – 1966)
Feldküche, 1914
Monotypie, 51 x 35,5 cm
Leihgeber: Sammlung
Gerhard Schneider,
Olpe und Solingen

Die Jahre

Wie die fortgeworfenen Schalen von Nüssen,
Wertlos und einsam, machen die Zahlen,
Die von allen Jahren den Menschen bleiben müssen,
In alten Blicken, den stillen und kahlen,
Liegen die toten Jahre in Scharen,
Die niemals aus dem Blut dir gefahren,
Die in dir sich begraben wie in einem Spind
Und dort wie mottenzerfressene Gewänder sind.
Sie rascheln Tag und Nacht bei dir allein,
Und nie mehr kann es um dich stille sein.
Du sehnst den Tod und möchtest vom Frieden nur einen Happen.
Der Tod ist wie ein neues Kleid vor deinen alten Jahreslappen.
Schon gehen dir täglich viel Freunde im Tod verklärt um,
Und die lebenden sind nie zu dir so zärtlich stumm.
Da ist kein Stuhl drinnen im ganzen Hause mehr,
Wo du sitzen könntest. Kein Stuhl ist von den Toten leer.
Aber die Lebenden, die jungen, die noch lärmen,
Sehen nichts als Durst und Hunger in den eigenen Därmen.
Sie sind dir toter noch in ihrer Gebärde
Als die Gräber mit ihrer hohen Hügelerde.
Du kannst nicht lachen laut, weil die toten Jahre lächelnd schweigen,
Weinst auch nicht, weil die toten Jahre keine Rührung zeigen.
Deine Hände reichst du nicht gern, sie sind fleischlos und milde,
Und nur deine Augen folgen überall, wie die Augen von einem Bilde.
Während die andern um Lampen sitzen in der Sommernacht,
Hat dir keine Lampe Licht in die Kammern deiner Jahre gebracht;
Und wie unter einem dunklen Baum stehst du verschwunden,
Und kein neuer Wein im Glas kann dir wie die alten Weinjahre munden.
Das Haus, das dich überlebt, sieht hoch zur geräumigen Nacht,
Doch du findest es fremd, seit du weißt, daß es nur für Lebende gemacht.
Seit die Jahre und die Toten dich fortziehen von Giebel und Tor,
Kommt dir das Haus wie ein Wirtshaus lärmend und kaltblütig vor.
Und nur die Jahre, die dich zu den Toten langsam führen,
Mußt du zuletzt noch als die besten Freunde spüren.

Max Dauthendey

Grodek

Am Abend tönen die herbstlichen Wälder
Von tödlichen Waffen, die goldnen Ebenen
Und blaue Seen, darüber die Sonne
Düstrer hinrollt; umfängt die Nacht
Sterbende Krieger, die wilde Klage
Ihrer zerbrochenen Münder.
Doch stille sammelt im Weidengrund
Rotes Gewölk, darin ein zürnender Gott wohnt
Das vergossne Blut sich, mondne Kühle;
Alle Straßen münden in schwarze Verwesung.
Unter goldnem Gezweig der Nacht und Sternen
Es schwankt der Schwester Schatten durch den schweigenden Hain,
Zu grüßen die Geister der Helden, die blutenden Häupter;
Und leise tönen im Rohr die dunkeln Flöten des Herbstes.
O stolzere Trauer! ihr ehernen Altäre
Die heiße Flamme des Geistes nähret heute ein gewaltiger Schmerz,
Die ungebornen Enkel.

Georg Trakl

2 Werbeschild für *Deutsche Einheit-Seife* von Carl Appel.

3 Am 1. August 1914 ordnet der Kaiser die Generalmobilmachung an. Illustration von Felix Schwormstädt.

An die Verstummten

O, der Wahnsinn der großen Stadt, da am Abend
An schwarzer Mauer verkrüppelte Bäume starren,
Aus silberner Maske der Geist des Bösen schaut;
Licht mit magnetischer Geißel die steinerne Nacht verdrängt.
O, das versunkene Läuten der Abendglocken.

Hure, die in eisigen Schauern ein totes Kindlein gebärt.
Rasend peitscht Gottes Zorn die Stirne des Besessenen,
Purpurne Seuche, Hunger, der grüne Augen zerbricht.
O, das gräßliche Lachen des Golds.

Aber stille blutet in dunkler Höhle stummere Menschheit,
Fügt aus harten Metallen das erlösende Haupt.

Georg Trakl

4   Vor dem Verlagshaus Rudolf Mosse werden Extrablätter zum Kriegsausbruch verteilt.

5   Im Lustgarten vor dem Berliner Schloss wartet die Bevölkerung auf die Kriegserklärung.

Schwur

Der Gipfel hat die Männer aus dem Tal versammelt.
Sie wollen sich der Abendhimmlichkeit ergeben.
Von ihrem Greise wird ein Beten angestammelt.
Dann fangen Herzen an im Silbenwind zu beben.

Der blaue Abendbaum wird aufgerichtet,
Noch bleibt er unsichtbar ins Blau der Nacht gedichtet.
Doch halten Schwüre Männerhände rot erhoben,
Damit die Abendblüten ihren Glühverkünder loben.

Die Schwüre züngeln über den versternten Fingern
Und schweben strahlhaft, wenn ermüdet Arme sinken.
Die Schwüre bleiben, wo die Seelen blau verblinken.
Die Sternebringer ziehn zu frühern Sternebringern.

Der blaue Baum belaubt sich mit dem Hang zu trauern.
Die Schwüre Sternen, um das Geistern zu umgittern.
Die Mondfrucht treibt: sie kommt durch unser Gut zu dauern,
Den Windhauch werden Sterne, Blatt und Herz erzittern.

Theodor Däubler

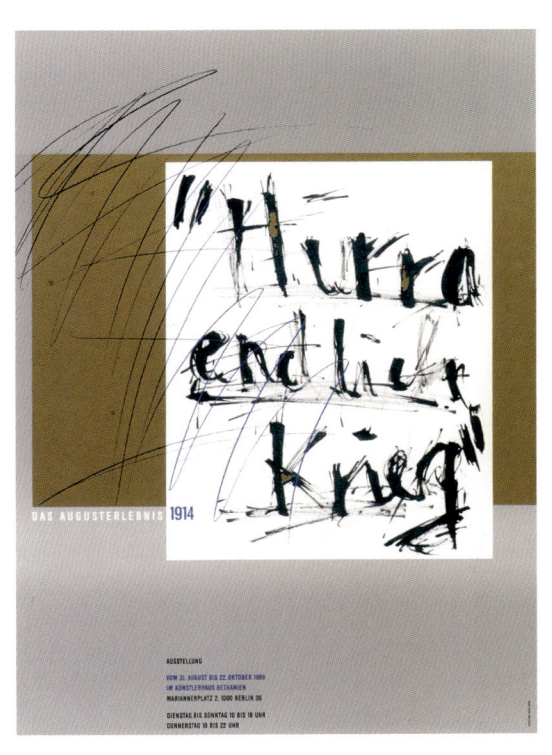

6   Plakat zur Ausstellung *Das Augusterlebnis 1914.* Plakatentwurf von Ulrike Damm.

7   Zwischen 1914 und 1918 werden in Deutschland neun Kriegsanleihen ausgegeben, die zusammen 98 Milliarden Reichsmark einbringen. Plakatentwurf Lucian Bernhard.

7a   Schüler rufen mit Transparenten zur Zeichnung von Kriegsanleihen auf.

1919

Menschliches Elend

Die Uhr, die vor der Sonne fünfe schlägt –
Einsame Menschen packt ein dunkles Grausen.
Im Abendgarten kahle Bäume sausen.
Des Toten Antlitz sich am Fenster regt.

Vielleicht, daß diese Stunde stillesteht.
Vor trüben Augen blaue Bilder gaukeln
Im Takt der Schiffe, die am Flusse schaukeln.
Am Kai ein Schwesternzug vorüberweht.

Im Hasel spielen Mädchen blaß und blind
Wie Liebende, die sich im Schlaf umschlingen.
Vielleicht, daß um ein Aas dort Fliegen singen,
Vielleicht auch weint im Mutterschoß ein Kind.

Aus Händen sinken Astern blau und rot.
Des Jünglings Mund entgleitet fremd und weise;
Und Lieder flattern angstverwirrt und leise;
Durch Fieberschwärze weht ein Duft von Brot.

Es scheint, man hört auch gräßliches Geschrei;
Gebeine durch verfalle Mauern schimmern.
Ein böses Herz lacht laut in schönen Zimmern;
An einem Träumer läuft ein Hund vorbei.

Ein leerer Sarg im Dunkel sich verliert.
Dem Mörder will ein Raum sich bleich erhellen;
Indes Laternen nachts im Sturm zerschellen.
Des Edlen weiße Schläfe Lorbeer ziert.

Es scheint, man hört der Fledermäuse Schrei,
Im Garten einen Sarg zusammenzimmern.
Gebeine durch verfalle Mauern schimmern
Und schwärzlich schwankt ein Irrer dort vorbei.

Georg Trakl

1 Hochzeitsfoto.

2 „Esbe"-Speise Erdbeer, Ersatzstoff für die Lebensmittelzubereitung.

3 Sortieren der Feldpost in Körbe und Säcke.

Zerstörte Welt

Wieviel Freundschaft ist verdorben,
seit Verrat sich wohl belohnt.
Hat man gestern Dich umworben,
heut verleugnet Dich die Welt.
Die Begründer sind gestorben,
und ihr letzter Erbe wohnt
einsam im Nomadenzelt.

Mädchen spielen jetzt Spione,
Mütter hetzen in den Mord,
und der Vater wird vom Sohne
ausgeliefert dem Schafott.
Güte gilt dem Gassenhohne
weniger als nichts. Verdorrt
ist in Dir die Blume Gott.

Auch in meinem Herzen lauert
Bosheit, die sich rächen will.
Die entmenschte Seele trauert
um verlornen Kindersinn.
Alle Gärten sind vermauert,
Nachtigallen bleiben still,
und die Hoffnung ist dahin.

Die Gerechten sind gestorben,
nur der Frevler wird verschont,
hündisch alle Macht umworben,
jeder Grausame heißt Held.
Alles Leben ist verdorben,
seit sich der Verrat belohnt,
und zur Wüste wird die Welt.

Max Herrmann-Neiße

8 Erich Büttner (1889 – 1936)
Porträt Max Herrmann-Neiße, 1921
Öl auf Leinwand, 91,5 x 71 cm
Leihgeber: Stiftung Stadtmuseum
Berlin, Landesmuseum für Kultur
und Geschichte Berlins

Dämmerung

Im Hof, verhext von milchigem Dämmerschein,
Durch Herbstgebräuntes weiche Kranke gleiten.
Ihr wächsern-runder Blick sinnt goldner Zeiten,
Erfüllt von Träumerei und Ruh und Wein.

Ihr Siechtum schließt geisterhaft sich ein.
Die Sterne weiße Traurigkeit verbreiten.
Im Grau, erfüllt von Täuschung und Geläuten,
Sieh, wie die Schrecklichen sich wirr zerstreun.

Formlose Spottgestalten huschen, kauern
Und flattern sie auf schwarz-gekreuzten Pfaden.
O! trauervolle Schatten an den Mauern.

Georg Trakl

Traum und Tod

Glanz und ruhm! so erwacht unsre welt
Heldengleich bannen wir berg und belt
Jung und gross schaut der geist ohne vogt
Auf die flur auf die flut die umwogt.

Da am weg bricht ein schein fliegt ein bild
Und der rausch mit der qual schüttelt wild.
Der gebot weint und sinnt beugt sich gern
„Du mir heil du mir ruhm du mir stern"

Dann der traum höchster stolz steigt empor
Er bezwingt kühn den Gott der ihn kor …
Bis ein ruf weit hinab uns verstösst
Uns so klein vor dem tod so entblösst !

All dies stürmt reisst und schlägt blitzt und brennt
Eh für uns spät am nachtfirmament
Sich vereint schimmernd still licht-kleinod :
Glanz und ruhm rausch und qual traum und tod.

Stefan George

4   Produktion großkalibriger Granaten.
Fotografie von Otto Haeckel.

5   Am 9. November 1918 ruft der Sozialdemokrat Philipp Scheidemann
vor dem Reichstagsgebäude in Berlin die Republik aus.

Willst du noch länger auf den kahlen böden
Nach frühern vollen farben spähn –
Auf früchte warten in den fahlen öden
Und ähren von verdrängten sommern mähn?

Bescheide dich wenn nur im schattenschleier
Mild schimmernd du genossene fülle schaust
Und durch die müden lüfte ein befreier
Der wind der weiten zärtlich um uns braust.

Und sieh! die tage die wie wunden brannten
In unsrer vorgeschichte schwinden schnell …
Doch alle dinge die wir blumen nannten
Versammeln sich am toten quell.

Stefan George

Man muss sterben weil man sie kennt

„Man muss sterben weil man sie kennt." Sterben
an der unsäglichen Blüte des Lächelns. Sterben
an ihren leichten Händen. Sterben
an Frauen.

Singe der Jüngling die tödlichen,
wenn sie ihm hoch durch den Herzraum
wandeln. Aus seiner blühenden Brust
sing er sie an:
unerreichbare! Ach, wie sie fremd sind.
Über den Gipfeln
seines Gefühls gehn sie hervor und ergießen
süß verwandelte Nacht ins verlassene
Tal seiner Arme. Es rauscht
Wind ihres Aufgangs im Laub seines Leibes. Es glänzen
seine Bäche dahin.

Aber der Mann
schweige erschütterter. Er, der
pfadlos die Nacht im Gebirg
seiner Gefühle geirrt hat:
schweige.

Wie der Seemann schweigt, der ältere,
und die bestandenen
Schrecken spielen in ihm wie in zitternden Käfigen.

Wo wir uns hier, in einander drängend, nicht
nie finden: beginnen die Engel
sich zu gewahren, und durch tiefere Näh
in heiligem Eilschritt wandeln sie endlos sich an.

Rainer Maria Rilke

6   1919 gründet Walter Gropius in Weimar die *Kunstschule Staatliches Bauhaus.* Bucheinband von Herbert Bayer.

7 / 7a   Blechdosen für Zigaretten und für Nähmaschinenzubehör, beide 1920er Jahre.

1924

Die Liebenden

Sieh jene Kraniche in großem Bogen!
Die Wolken, welche ihnen beigegeben
Zogen mit ihnen schon, als sie entflogen
Aus einem Leben in ein andres Leben
In gleicher Höhe und mit gleicher Eile
Scheinen sie alle beide nur daneben.
Daß so der Kranich mit der Wolke teile
Den schönen Himmel, den sie kurz befliegen
Daß also keines länger hier verweile
Und keines andres sehe als das Wiegen
Des andern in dem Wind, den beide spüren
Die jetzt im Fluge beieinander liegen
So mag der Wind sie in das Nichts entführen
Wenn sie nur nicht vergehen und sich bleiben
Solange kann sie beide nichts berühren
Solange kann man sie von jedem Ort vertreiben
Wo Regen drohen oder Schüsse schallen.
So unter Sonn und Monds wenig verschiedenen Scheiben
Fliegen sie hin, einander ganz verfallen.
Wohin ihr? Nirgendhin. Von wem davon? Von allen.
Ihr fragt, wie lange sind sie schon beisammen? Seit kurzem.
Und wann werden sie sich trennen? Bald.
So scheint die Liebe Liebenden ein Halt.

Bertolt Brecht

1   Am Strand. Snapshot Archiv Christian Skrein, St. Gilgen.

8 Hannah Höch (1889–1978)
Der Zaun, 1928
Öl auf Leinwand, 100,5 x 100,5 cm
Leihgeber: Berlinische Galerie,
Landesmuseum für Moderne Kunst,
Fotografie und Architektur

Die freien Deutschen

Wenn der Papst abends durch seine Gemächer geht,
leise, vorsichtig wandelnd, es ist schon spät,
bleibt er am Bücherbord ein bißchen stehn,
läßt den Blick über mattschimmernde Titel gehn …
Herders Werke – ist da zu lesen …
    »Ah – Deutschland –« denkt er, »ein gutes Land.
Das ist uns sicher. Das haben wir fest in der Hand.
Da ist nichts zu fürchten … Übrigens ist das sein Glück –!«
    Und dann geht er ein Stück
und zieht sich gänzlich in seine Gemächer zurück.

Wenn ein Bankdirektor am Adriatischen Meer
badet – frischen Wind bringt die Luft von Süden her,
die Wellen glitzern … draußen treibt ein Boot …
Der Bankmann frottiert sich mit seinem Bademantel, der ist weiß
und rot …
»Übrigens«, sagt er zu seinem Schwager, der neben ihm sitzt
und dumpfbrütend schwitzt,
»diesmal bin ich direkt ruhig auf Urlaub gefahren.
Alles ist still. Im Reichstag liegen se sich in den Haaren.
Laß se liegen. Kein Bolschewismus. Kein Experiment.
Unberufen … Bei so einem Präsident –!«
Und der Schwager schwitzt und hockt kalbsdämlich da.
Schöner Sonnenfriede liegt über der Adria.

Gutsbesitzer. Militärs. Stahlhelmkommis. Richter. Polizei.
Eine himmlische Ruhe und Gewißheit ist in ihnen.
    Die Revolution ist endgültig vorbei.

Aber im ganzen Lande – das hätte ich beinah vergessen –
klappen sich auf die gewaltigsten Schnurrbartfressen:
»Ein freies Deutschland! Anschluß an Österreich!
Frei von dem welschen Joch! Frei wolln wir sein! Aber gleich –!«
Innerlich stramm stehn. Versklavt von tausend Gewalten.
Im übrigen: »Weg mit Wersalch!«
    Gott liebt es, sowas zu erhalten.

Kurt Tucholsky

2   Fahne des Arbeiterturnvereins *Vorwärts*, 1921.

Hymnus auf die Bankiers

Der kann sich freuen, der die nicht kennt!
Ihr fragt noch immer: Wen?
Sie borgen sich Geld für fünf Prozent
und leihen es weiter zu zehn.

Sie haben noch nie mit der Wimper gezuckt,
Ihr Herz stand noch niemals still.
Die Differenzen sind ihr Produkt.
(Das kann man verstehn, wie man will.)

Ihr Appetit ist bodenlos.
Sie fressen Gott und die Welt.
Sie säen nicht. Sie ernten bloß.
Und schwängern ihr eignes Geld.

Sie sind die Hexer in Person
und zaubern aus hohler Hand.
Sie machen Gold am Telefon
und Petroleum aus Sand.

Das Geld wird flüssig. Das Geld wird knapp.
Sie machen das ganz nach Bedarf.
Und schneiden den andern die Hälse ab.
Papier ist manchmal scharf.

Sie glauben den Regeln der Regeldetri
und glauben nicht recht an Gott.
Sie haben nur eine Sympathie.
Sie lieben das Geld. Und das Geld liebt sie.
(Doch einmal macht jeder Bankrott!)

Anmerkung: Die Konsumenten sind die linke Hand des gesellschaftlichen Organismus, die Produzenten sind die rechte Hand. Die Bankiers sind die Heimlichkeiten zwischen den beiden.

Erich Kästner

3   Hierarchie der Hauseingänge.

4   Bankboten tragen Inflationsgeld. Fotografie von Willy Römer.

Ruhe und Ordnung

Wenn Millionen arbeiten, ohne zu leben,
wenn Mütter den Kindern nur Milchwasser geben –
das ist Ordnung.
Wenn Werkleute rufen: »Laßt uns ans Licht!
Wer Arbeit stiehlt, der muß vors Gericht!«
Das ist Unordnung.

Wenn Tuberkulöse zur Drehbank rennen,
wenn dreizehn in einer Stube pennen –
das ist Ordnung.
Wenn einer ausbricht mit Gebrüll,
weil er sein Alter sichern will –
das ist Unordnung.

Wenn reiche Erben im Schweizer Schnee
jubeln – und sommers am Comer- See –
dann herrscht Ruhe.
Wenn Gefahr besteht, dass sich Dinge wandeln,
wenn verboten wird, mit dem Boden zu handeln –
dann herrscht Unordnung.

Die Hauptsache ist: Nicht auf Hungernde hören.
Die Hauptsache ist: Nicht das Straßenbild stören.
Nur nicht schrein.
Mit der Zeit wird das schon.
Alles bringt euch die Evolution.
So hats euer Volksvertreter entdeckt.
Seid ihr bis dahin alle verreckt?
So wird man auf euern Gräbern doch lesen:
sie sind immer ruhig und ordentlich gewesen.

Kurt Tucholsky

5   Der deutsche Außenminister Gustav Stresemann spricht 1926 vor dem Völkerbund, in den das Deutsche Reich dank seiner Verständigungspolitik aufgenommen wurde. Im selben Jahr erhält Stresemann zusammen mit Aristide Briand den Friedensnobelpreis.

6a Plakat von Käthe Kollwitz für den Mitteldeutschen Jugendtag 1924 in Leipzig.

6 Am 8. November 1923 ruft Adolf Hitler im Münchner Bürgerbräukeller die „Nationale Revolution" aus, am 9. November führt er den „Marsch auf die Feldherrnhalle" an, der von der Bayerischen Polizei mit Maschinengewehrfeuer auseinandergetrieben wird. Illustration von Karl Arnold.

7 Reklame einer Parfum-Fabrik: Vier junge Frauen in beschrifteten Kostümen.

1929

Augen in der Großstadt

Augen in der Großstadt
Wenn du zur Arbeit gehst
am frühen Morgen,
wenn du am Bahnhof stehst
mit deinen Sorgen:
da zeigt die Stadt
dir asphaltglatt
im Menschentrichter
Millionen Gesichter:
Zwei fremde Augen, ein kurzer Blick,
die Braue, Pupillen, die Lider –
Was war das? vielleicht dein Lebensglück …
vorbei, verweht, nie wieder.

Du gehst dein Leben lang
auf tausend Straßen;
du siehst auf deinem Gang, die
dich vergaßen.
Ein Auge winkt,
die Seele klingt;
du hast's gefunden,
nur für Sekunden …
Zwei fremde Augen, ein kurzer Blick,
die Braue, Pupillen, die Lider –
Was war das? Kein Mensch dreht die Zeit zurück
…
Vorbei, verweht, nie wieder.

Du mußt auf deinem Gang
durch Städte wandern;
siehst einen Pulsschlag lang
den fremden Andern.
Es kann ein Feind sein,
es kann ein Freund sein,
es kann im Kampfe dein
Genosse sein.
Er sieht hinüber
und zieht vorüber …
Zwei fremde Augen, ein kurzer Blick,
die Braue, Pupillen, die Lider –
Was war das?
Von der großen Menschheit ein Stück!
Vorbei, verweht, nie wieder.

Kurt Tucholsky

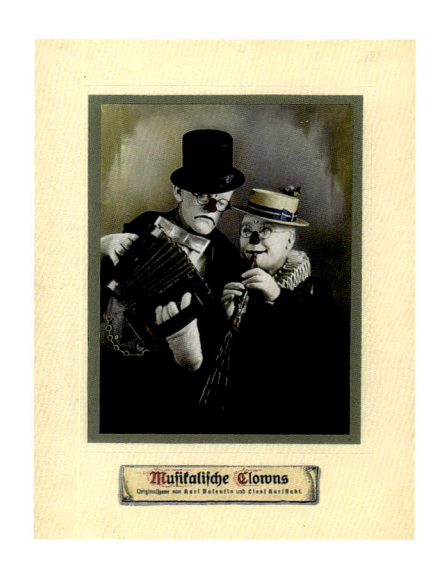

1 Karl Valentin und Liesl Karlstadt als Musical-Clowns. Kolorierte Fotografie nach einem Original aus dem Atelier Hibinger.

2 Werbepostkarten-Reihe der AEG, um 1929.

8 Karl Hofer
(1878 – 1955)
Arbeitslose, 1932
Öl auf Leinwand,
167 x 172 cm
Leihgeber: Sammlung
Deutsche Bank

Abends

Auf einmal mußte ich singen
Und ich wußte nicht warum.
– Doch abends weinte ich bitterlich.

Es stieg aus allen Dingen
Ein Schmerz und der ging um
– Und legte sich auf mich.

Else Lasker-Schüler

Maienregen

Du hast deine warme Seele
Um mein verwittertes Herz geschlungen,
Und all seine dunklen Töne
Sind wie ferne Donner verklungen.

Aber es kann nicht mehr jauchzen
Mit seiner wilden Wunde,
Und wunschlos in deinem Arme
Liegt mein Mund auf deinem Munde.

Und ich höre dich leise weinen,
Und es ist – die Nacht bewegt sich kaum –
Als fiele ein Maienregen
Auf meinen greisen Traum.

Else Lasker-Schüler

3   Privates Fotoalbum.

4   Privates Fotoalbum.

Kennst Du das Land, wo die Kanonen blühn

Kennst Du das Land, wo die Kanonen blühn?
Du kennst es nicht? Du wirst es kennenlernen!
Dort stehn die Prokuristen stolz und kühn
in den Büros, als wären es Kasernen.

Dort wachsen unterm Schlips Gefreitenknöpfe.
Und unsichtbare Helme trägt man dort.
Gesichter hat man dort, doch keine Köpfe.
Und wer zu Bett geht, pflanzt sich auch schon fort!

Wenn dort ein Vorgesetzter etwas will
– und es ist sein Beruf etwas zu wollen –
steht der Verstand erst stramm und zweitens still.
Die Augen rechts! Und mit dem Rückgrat rollen!

Die Kinder kommen dort mit kleinen Sporen
und mit gezognem Scheitel auf die Welt.
Dort wird man nicht als Zivilist geboren.
Dort wird befördert, wer die Schnauze hält.

Kennst Du das Land? Es könnte glücklich sein.
Es könnte glücklich sein und glücklich machen?
Dort gibt es Äcker, Kohle, Stahl und Stein
und Fleiß und Kraft und andre schöne Sachen.

Selbst Geist und Güte gibt's dort dann und wann!
Und wahres Heldentum. Doch nicht bei vielen.
Dort steckt ein Kind in jedem zweiten Mann.
Das will mit Bleisoldaten spielen.

Dort reift die Freiheit nicht. Dort bleibt sie grün.
Was man auch baut – es werden stets Kasernen.
Kennst Du das Land, wo die Kanonen blühn?
Du kennst es nicht? Du wirst es kennenlernen!

Erich Kästner

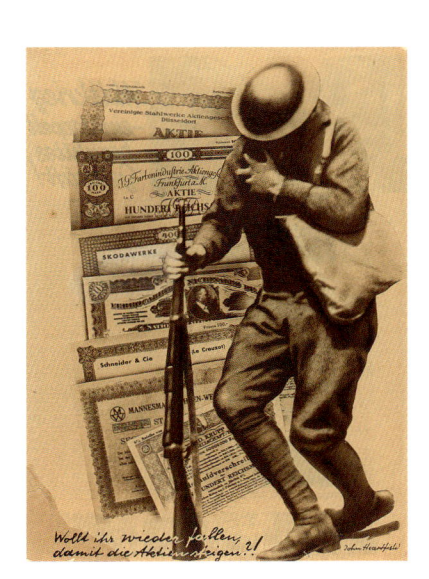

5 *Wollt Ihr wieder fallen, damit die Aktien steigen?* John Heartfield, 1932.

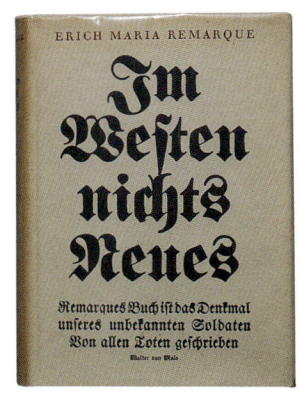

6 In seinem Roman *Im Westen nichts Neues* schildert Erich Maria Remarque die Schrecken des Krieges aus der Sicht eines jungen Soldaten. Erstausgabe von 1929.

7 Werbeplakat, um 1929.

1934

Todes-Erfahrung

Wir wissen nichts von diesem Hingehn, das
nicht mit uns teilt. Wir haben keinen Grund,
Bewunderung und Liebe oder Haß
dem Tod zu zeigen, den ein Maskenmund

tragischer Klage wunderlich entstellt.
Noch ist die Welt voll Rollen, die wir spielen.
Solang wir sorgen, ob wir auch gefielen,
spielt auch der Tod, obwohl er nicht gefällt.

Doch als du gingst, da brach in diese Bühne
ein Streifen Wirklichkeit durch jenen Spalt
durch den du hingingst: Grün wirklicher Grüne,
wirklicher Sonnenschein, wirklicher Wald.

Wir spielen weiter. Bang und schwer Erlerntes
hersagend und Gebärden dann und wann
aufhebend; aber dein von uns entferntes,
aus unserm Stück entrücktes Dasein kann

uns manchmal überkommen, wie ein Wissen
von jener Wirklichkeit sich niedersenkend,
so daß wir eine Weile hingerissen
das Leben spielen, nicht an Beifall denkend.

Rainer Maria Rilke

1 Privates Fotoalbum.

2 Schließungsverfügung Himmlers an einem jüdischen Geschäft in München, dessen Inhaber im Mai 1933 in das KZ Dachau verschleppt wurde.

Geschützwache

Sternenhimmel.
Gebändigtes Untier
Glänzt mein Geschütz,
Glotzt mit schwarzem Rohr
Zum milchigen Mond.
Kätzchen schreit.
Wimmert im Dorf ein Kind.
Geschoß,
Tückischer Wolf,
Bricht ins schlafende Haus.
Lindenblüten duftet die Nacht.

Ernst Toller

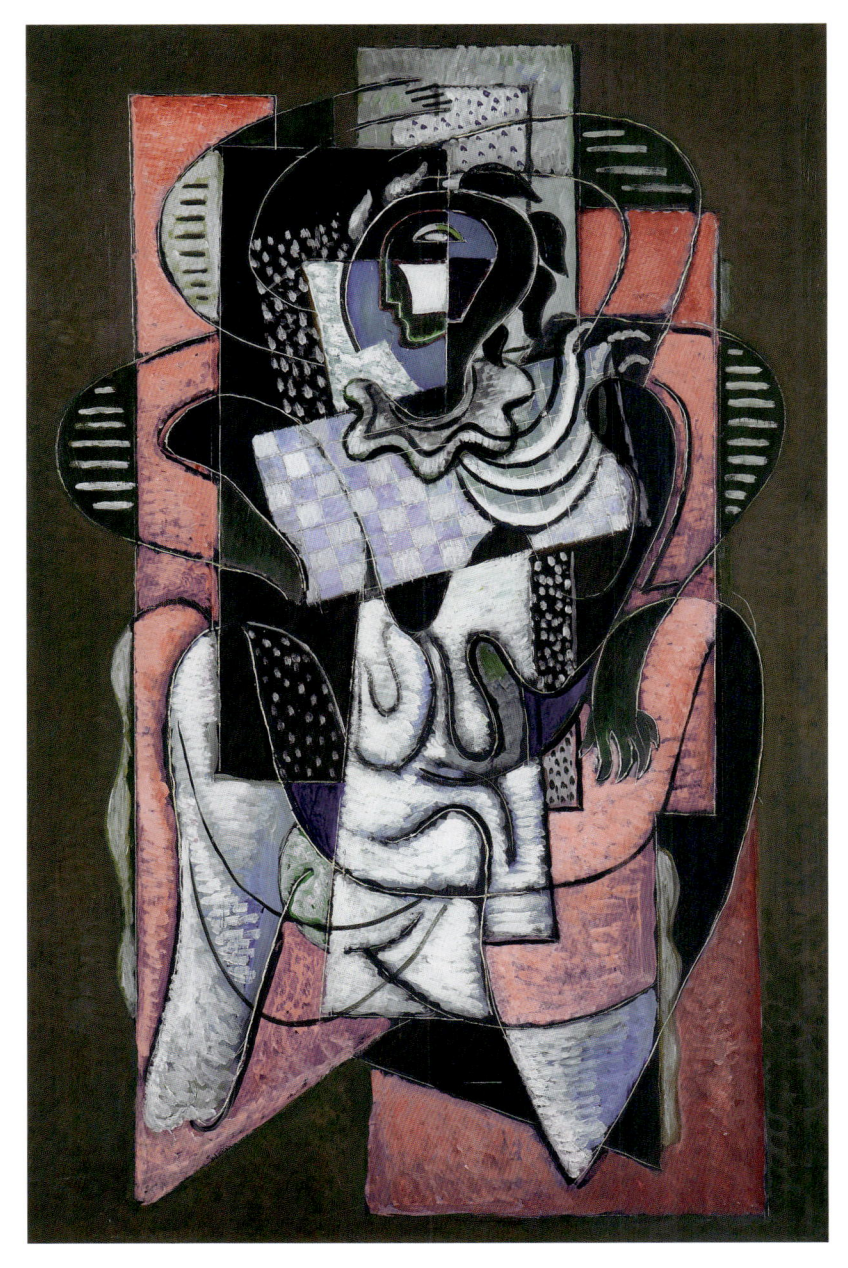

8   Oscar Zügel (1882 – 1965)
Propagandaminister, 1933
Öl auf Hartfaser, 101 x 66 cm
Leihgeber: Zügel, Bürger-
stiftung für Verfemte Künste mit
Sammlung Gerhard Schneider

Deutschland
Mögen andere von ihrer Schande
sprechen, ich spreche von der meinen

O Deutschland, bleiche Mutter!
Wie sitzest du besudelt
Unter den Völkern.
Unter den Befleckten
Fällst du auf.

Von deinen Söhnen der ärmste
Liegt erschlagen.
Als sein Hunger groß war
Haben deine anderen Söhne
Die Hand gegen ihn erhoben.
Das ist ruchbar geworden.

Mit ihren so erhobenen Händen
Erhoben gegen ihren Bruder
Gehen sie jetzt frech vor dir herum
Und lachen in dein Gesicht.
Das weiß man.

In deinem Hause
Wird laut gebrüllt was Lüge ist.
Aber die Wahrheit
Muß schweigen
Ist es so?

Warum preisen dich ringsum die Unterdrücker, aber
Die Unterdrückten beschuldigen dich?
Die Ausgebeuteten
Zeigen mit Fingern auf dich, aber
Die Ausbeuter loben das System
Das in deinem Hause ersonnen wurde!

Und dabei sehen dich alle
Den Zipfel deines Rockes verbergen, der blutig ist
Vom Blut deines
Besten Sohnes.

Hörend die Reden, die aus deinem Hause dringen, lacht man.
Aber wer dich sieht, der greift nach dem Messer
Wie beim Anblick einer Räuberin.

O Deutschland, bleiche Mutter!
Wie haben deine Söhne dich zugerichtet
Daß du unter den Völkern sitzest
Ein Gespött oder eine Furcht!

Bertolt Brecht

3   Privates Fotoalbum.

An die Dichter

Anklag ich Euch, Ihr Dichter,
Verbuhlt in Worte, Worte, Worte!
Ihr wissend nickt mit Greisenköpfen,
Berechnet Wirbelwirkung, lächelnd und erhaben,
Ihr im Papierkorb feig versteckt!
Auf die Tribüne, Angeklagte!
Entsühnt Euch!
Sprecht Euer Urteil!
M e n s c h k ü n d e r   I h r !
Und seid …?
So sprecht doch! Sprecht!

Ernst Toller

4   Passanten vor einer Litfaßsäule mit dem Aufruf zum Boykott jüdischer Geschäfte, 1. März 1933.

Choral

Was sagt ihr zu dem wogen der Geschichte:
erst Wein, dann Blut: das Nibelungenmahl,
Mahle und Morde, Räusche und Gerichte,
Rosen und Ranken schlingen noch den Saal.

Was sagt ihr zu den Heeren, ihre Zügen,
die Merowinger enden und Pipin
lässt ihrem Letzten einen Hof zum Pflügen
und ein Spann Ochsen, die den Karren ziehn.

Die Götter enden mit in solchen Wellen,
mit Fell und Panthern klappert noch ein Fest,
die Herzen plärren, nur die Pardel schwellen:
Vieh für die Götter ist des Glaubens Rest.

Mit Brand und Seuchen schwängert sich das Werden,
am Maul, das Kronen frisst und Reiche schält,
verfallne Lande, hirtenlose Herden
von Kuh und Stuten, die das Euter quält.

Was sagt ihr zu dem Wogen der Geschichte,
ist wo ein reich, das nicht zum Abgrund kreist,
wo ein Geschlecht in ewig gleichem Lichte,
nun gar der Mensch, sein armer Geist –:

Der Geist muß wohl in allem rauschen,
da jeder einzelne so schnell dahin
und auch so spurlos endet, nur ein Tauschen
von Angesicht und Worten scheint ein Sinn.

Gottfried Benn

Schlechte Zeit für Lyrik

Ich weiß doch: nur der Glückliche
Ist beliebt. Seine Stimme
Hört man gern. Sein Gesicht ist schön.

Der verkrüppelte Baum im Hof
Zeigt auf den schlechten Boden, aber
Die Vorübergehenden schimpfen ihn einen Krüppel
Doch mit Recht.

Die grünen Boote und die lustigen Segel des Sundes
Sehe ich nicht. Von allem
Sehe ich nur der Fischer rissiges Garnnetz.
Warum rede ich nur davon
Daß die vierzigjährige Häuslerin gekrümmt geht?
Die Brüste der Mädchen
Sind warm wie ehedem.

In meinem Lied ein Reim
Käme mir fast vor wie Übermut.

In mir streiten sich
Die Begeisterung über den blühenden Apfelbaum
Und das Entsetzen über die Reden des Anstreichers.
Aber nur das zweite
Drängt mich zum Schreibtisch.

Bertolt Brecht

Gedicht

Blume Anmut blüht so rot,
Blume Huldvoll blaut daneben.
Blume Anmut ist das Leben,
Blume Huldvoll ist der Tod.

Süß und herbe ist das Leben,
herb die Lust und süß die Not.
Blume Leben blüht so rot –
Blume Tod blüht blau daneben.

Wolfgang Borchert

5   Zur Olympiade 1936 in Berlin fliegt der Zeppelin LZ 129 *Hindenburg* über das Olympiastadion.

Der kleine Unterschied

Es sprach zum Mister Goodwill
ein deutscher Emigrant:
„Gewiß, es bleibt dasselbe,
sag ich nun land statt Land,
sag ich für Heimat homeland
und poem für Gedicht.
Gewiß, ich bin sehr happy:
Doch glücklich bin ich nicht."

Mascha Kaléko

Ich liege wo am Wegrand

Ich liege wo am Wegrand übermattet –
Und über mir die finstere, kalte Nacht –
Und zähl schon zu den Toten längst bestattet.

Wo soll ich auch noch hin – von Grauen überschattet
Die ich vom Monde euch mit Liedern still bedacht
Und weite Himmel blauvertausendfacht.

Die heilige Liebe, die ihr blind zertratet,
Ist Gottes Ebenbild …!
Fahrlässig umgebracht.

Darum auch lebten du und ich in einem Schacht!
Und – doch im Paradiese trunken blumumblattet.

Else Lasker-Schüler

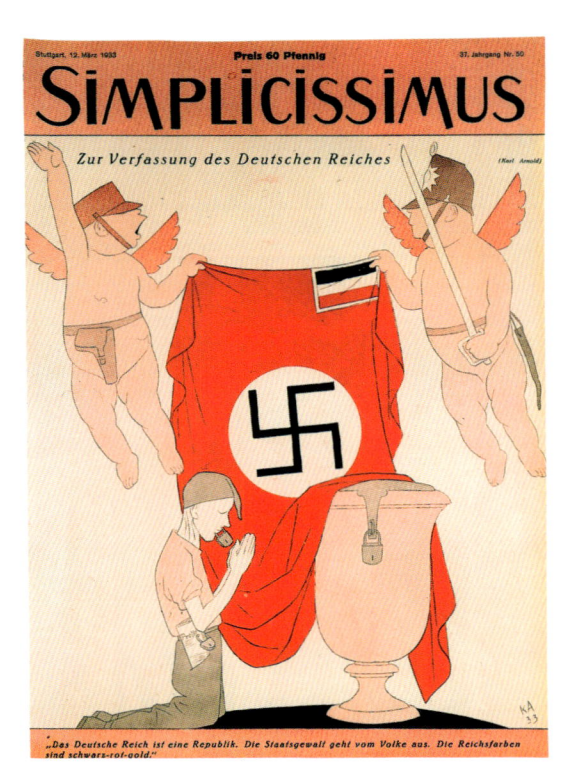

6   „*Das Deutsche Reich ist eine Republik.*
Die Staatsgewalt geht vom Volke aus.
Die Reichsfarben sind schwarz-rot-gold."
Titel einer Ausgabe des Simplicissimus
aus dem Jahr 1933, Illustration von Karl Arnold.

6a   Plakatentwurf von Willi Petzold.

7   Wolkenprojektion des Persil-
Schriftzugs, Luftwerbung, 1932.

1939

Ein deutscher Dichter bin ich einst gewesen

Ein deutscher Dichter bin ich einst gewesen,
die Heimat klang in meiner Melodie,
ihr Leben war in meinem Lied zu lesen,
das mit ihr welkte und mit ihr gedieh.

Die Heimat hat mir Treue nicht gehalten,
sie gab sich ganz den bösen Trieben hin,
so kann ich nur ihr Traumbild noch gestalten,
der ich ihr trotzdem treu geblieben bin.

In ferner Fremde mal ich ihre Züge
zärtlich gedenkend mir mit Worten nah,
die Abendgiebel und die Schwalbenflüge
und alles Glück, was einst mir dort geschah.

Doch hier wird niemand meine Verse lesen,
ist nichts, was meiner Seele Sprache spricht;
ein deutscher Dichter bin ich einst gewesen,
jetzt ist mein Leben Spuk wie mein Gedicht.

Max Herrmann-Neiße

1   Privates Fotoalbum.

2   Privates Fotoalbum.

8 Georg Netzband (1900–1984)
Der Sieger, Mai 1939
Öl auf Leinwand, 59,5 x 68,8 cm
Leihgeber: Sammlung
Gerhard Schneider, Olpe und Solingen

Heimatlos

Wir ohne Heimat irren so verloren
und sinnlos durch der Fremde Labyrinth.
Die Eingebornen plaudern vor den Toren
vertraut im abendlichen Sommerwind.
Er macht den Fenstervorhang flüchtig wehen
und läßt uns in die lang entbehrte Ruh
des sichren Friedens einer Stube sehen
und schließt sie vor uns grausam wieder zu.
Die herrenlosen Katzen in den Gassen,
die Bettler, nächtigend im nassen Gras,
sind nicht so ausgestoßen und verlassen
wie jeder, der ein Heimatglück besaß
und hat es ohne seine Schuld verloren
und irrt jetzt durch der Fremde Labyrinth.
Die Eingebornen träumen vor den Toren
und wissen nicht, daß wir ihr Schatten sind.

Max Herrmann-Neiße

Die Bücherverbrennung

Als das Regime befahl, Bücher mit schädlichem Wissen
Öffentlich zu verbrennen, und allenthalben
Ochsen gezwungen wurden. Karren mit Büchern
Zu den Scheiterhaufen zu ziehen, entdeckte
Ein verjagter Dichter, einer der besten, die Liste der
Verbrannten studierend, entsetzt, daß seine
Bücher vergessen waren. Er eilte zum Schreibtisch
Zornbeflügelt, und schrieb einen Brief an die Machthaber.
Verbrennt mich! schrieb er mit fliegender Feder, verbrennt mich!
Tut mir das nicht an! Laßt mich nicht übrig! Habe ich nicht
Immer die Wahrheit berichtet in meinen Büchern? Und jetzt
Werd ich von euch wie ein Lügner behandelt!
Ich befehle euch:
Verbrennt mich!

Bertolt Brecht

3   Reiseführer für KdF-Reisen nach Hamburg, 1937. Die nationalsozialistische Gemeinschaft *Kraft durch Freude*, eine Unterorganisation der Deutschen Arbeitsfront, ist der größte Reiseveranstalter im Dritten Reich.

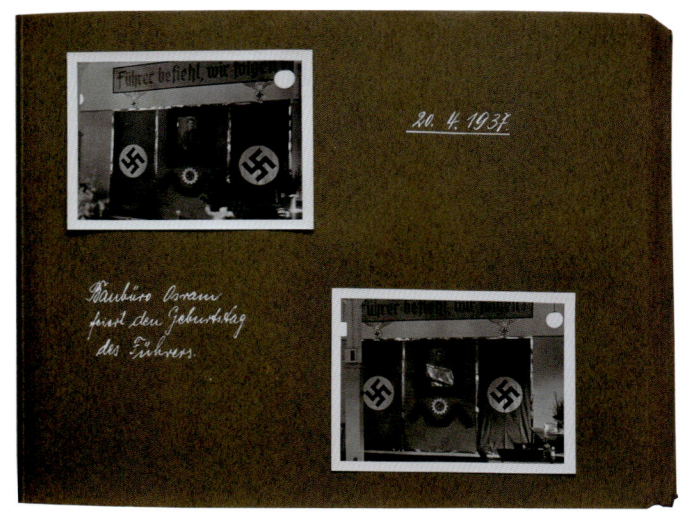

4   Privates Fotoalbum.

Exil   meinem Vater

Der sterbende Mund
müht sich
um das richtig gesprochene
Wort
einer fremden
Sprache.

Hilde Domin

5   Brennende Synagoge in Essen, 10. November 1938.

Ernst Toller   Seiner Mutter.

Er ist schön und klug
Und gut.
Und betet wie ein Kind noch:
Lieber Gott, mach mich fromm,
Daß ich in den Himmel komm.

Ein Magnolienbaum ist er
Mit lauter weißen Flammen.
Die Sonne scheint –
Kinder spielen immer um ihn Fangen.

Seine Mutter weinte sehr
Nach ihrem »wilden großen Jungen« …
Fünf Jahre blieb sein Leben stehn,
Fünf Jahre mit der Zeit gerungen
Hat er! Mit Ewigkeiten.

Da er den Nächsten liebte
Wie sich selbst –
Ja, über sich hinaus!
Verloren: Welten, Sterne,
Seiner Wälder grüne Seligkeit.

Und teilte noch in seiner Haft
Sein Herz dem Bruder dem –
Gottgeliebt fürwahr, da er nicht lau ist;
Der Jude, der Christ ist
Und darum wieder gekreuzigt ward.

Voll Demut stritt er,
Reinen Herzens litt er, gewittert er;
Sein frisches Aufbrausen
Erinnert wie nie an den Quell …
Durch neugewonnene Welt sein Auge taumelt

Rindenherb, hindusanft;
»Niemals mehr haften wo!«
Hinter kläglicher Aussicht Gitterfenster
Unbiegsamen Katzenpupillen
Dichtete Ernst im Frühgeläut sein Schwalbenbuch.

Doch in der Finsternis
Zwiefacher böser Nüchternheit der Festung
Schrieb er mit Ruß der Schornsteine
Die Schauspiele – erschütternde – der Fronarbeit:
In Kraft gesetzte eiserne Organismen.

Else Lasker-Schüler

An die Nachgeborenen

I

Wirklich, ich lebe in finsteren Zeiten!
Das arglose Wort ist töricht. Eine glatte Stirn
Deutet auf Unempfindlichkeit hin. Der Lachende
Hat die furchtbare Nachricht
Nur noch nicht empfangen.

Was sind das für Zeiten, wo
Ein Gespräch über Bäume fast ein Verbrechen ist
Weil es ein Schweigen über so viele Untaten einschließt!
Der dort ruhig über die Straße geht
Ist wohl nicht mehr erreichbar für seine Freunde
Die in Not sind?

Es ist wahr: ich verdiene noch meinen Unterhalt
Aber glaubt mir: das ist nur ein Zufall. Nichts
Von dem, was ich tue, berechtigt mich dazu,
      mich sattzuessen.
Zufällig bin ich verschont. (Wenn mein
Glück aussetzt bin ich verloren.)

Man sagt mir: Iß und trink du! Sei froh, daß du hast!
Aber wie kann ich essen und trinken, wenn
Ich dem Hungernden entreiße, was ich esse, und
Mein Glas Wasser einem Verdurstenden fehlt?
Und doch esse und trinke ich.

Ich wäre auch gern weise.
In den alten Büchern steht, was weise ist:
Sich aus dem Streit der Welt halten und die kurze Zeit
Ohne Furcht verbringen
Auch ohne Gewalt auskommen
Böses mit Gutem vergelten
Seine Wünsche nicht erfüllen, sondern vergessen
Gilt für weise.
Alles das kann ich nicht:
Wirklich, ich lebe in finsteren Zeiten!

II

In die Städte kam ich zur Zeit der Unordnung
Als da Hunger herrschte.
Unter die Menschen kam ich zur Zeit des Aufruhrs
Und ich empörte mich mit ihnen.
So verging meine Zeit
Die auf Erden mir gegeben war.

Mein Essen aß ich zwischen den Schlachten
Schlafen legte ich mich unter die Mörder
Der Liebe pflegte ich achtlos
Und die Natur sah ich ohne Geduld.
So verging meine Zeit
Die auf Erden mir gegeben war.

Die Straßen führten in den Sumpf zu meiner Zeit.
Die Sprache verriet mich dem Schlächter.
Ich vermochte nur wenig. Aber die Herrschenden
Saßen ohne mich sicherer, das hoffte ich.
So verging meine Zeit
Die auf Erden mir gegeben war.

Die Kräfte waren gering. Das Ziel
Lag in großer Ferne.
Es war deutlich sichtbar, wenn auch für mich
Kaum zu erreichen.
So verging meine Zeit
Die auf Erden mir gegeben war.

III

Ihr, die ihr auftauchen werdet aus der Flut
In der wir untergegangen sind
Gedenkt
Wenn ihr von unseren Schwächen sprecht
Auch der finsteren Zeit
Der ihr entronnen seid.

Gingen wir doch, öfter als die Schuhe die Länder wechselnd
Durch die Kriege der Klassen, verzweifelt
Wenn da nur Unrecht war und keine Empörung.

Dabei wissen wir doch:
Auch der Haß gegen die Niedrigkeit
Verzerrt die Züge.
Auch der Zorn über das Unrecht
Macht die Stimme heiser. Ach, wir
Die wir den Boden bereiten wollten für Freundlichkeit
Konnten selber nicht freundlich sein.

Ihr aber, wenn es so weit sein wird
Daß der Mensch dem Menschen ein Helfer ist
Gedenkt unsrer
Mit Nachsicht.

Bertolt Brecht

Hymne

Ich habe Angst vor dir, Deutschland,
Wort, den Vätern erfunden, nicht uns,
du mit der tödlichen Hoffnung,
du im doppelt geschwärzten Sarg,
Deutschland, was soll ich mit dir,
nichts, laß mich, geh,
Deutschland, du steinigst uns wieder,
auf der doppelten Zunge zerläufst du,
auf beiden Schneiden
des Schwerts, ich habe Angst vor dir,
Deutschland, ich bitte dich, geh,
laß mir die Sprache und geh,
du, zwischen den Zielen, verwest schon,
und noch nicht tot, stirb, Deutschland,
ich bitte dich, laß uns und geh.

Friedrich Christian Delius

6 Antisemitisches Propagandaplakat der NSDAP.
6a „Gesundes" und „krankes Erbgut" in einem
Biologie-Schulbuch von 1940.

7 Aufruf zum Wehreinsatz an junge deutsche Männer.
Fotografie von Hilmar Pabel.

1944

Aus der Ferne

Die Welt, aus der ich lange mich entwand,
Ruht kahl, von Glut entlaubt, in dunkler Hand.
Die Heimat fremd, die ich mit Liebe überhäufte,
Aus der ich lebend in die Himmel reifte.

Es wachsen auch die Seelen der verpflanzten Bäume
Auf Erden schon in Gottes blaue Räume,
Um inniger von Seiner Herrlichkeit zu träumen.

Und auch der Mond und seine Lieblingssterne,
Spielen mit bunten Muschelschäumen
Und hüten über Meere Gottes Geist so gerne.

So fern hab ich mir nie die Ewigkeit gedacht …
Es weinen über unsere Welt die Engel in der Nacht.
Sie läuterten mein Herz, die Fluren zu versüßen,
Und ließen euch in meinen Versen grüßen.

Else Lasker-Schüler

Alle Tage

Der Krieg wird nicht mehr erklärt,
sondern fortgesetzt. Das Unerhörte
ist alltäglich geworden. Der Held
bleibt bei den Kämpfen fern. Der Schwache
ist in die Feuerzonen gerückt.
Die Uniform des Tages ist die Geduld,
die Auszeichnung der armselige Stern
der Hoffnung über dem Herzen.

Er wird verliehen,
wenn nichts mehr geschieht,
wenn das Trommelfeuer verstummt,
wenn der Feind unsichtbar geworden ist
und der Schatten ewiger Rüstung
den Himmel bedeckt.

Er wird verliehen
für die Flucht von den Fahnen,
für die Tapferkeit vor dem Freund,
für den Verrat unwürdiger Geheimnisse
und die Nichtachtung
jeglichen Befehls.

Ingeborg Bachmann

1   Eva Braun und Adolf Hitler auf dem Berghof bei Berchtesgaden, 1944/1945.

2   Spielzeug in der NS-Zeit.

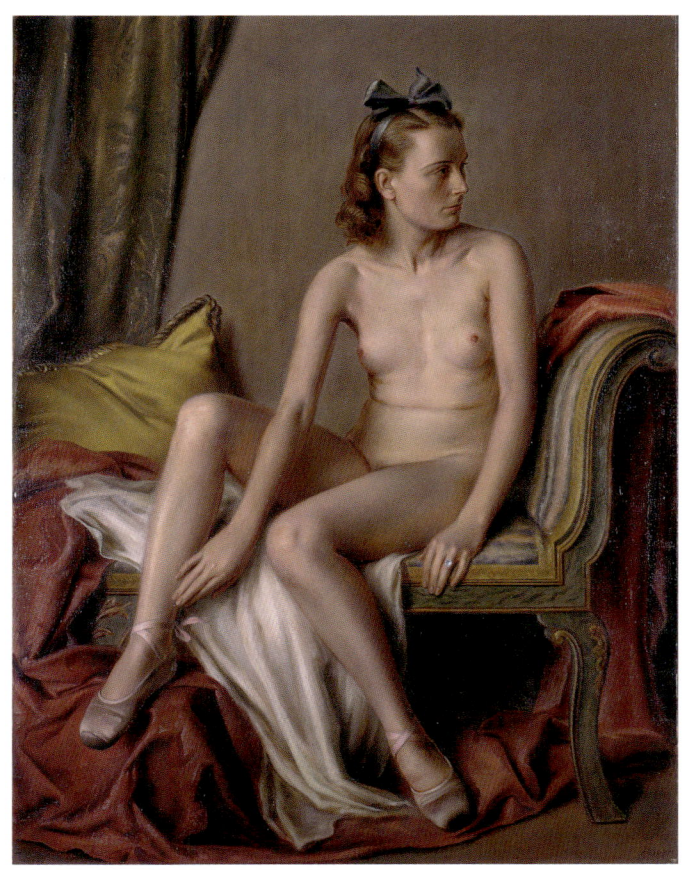

Adolf Ziegler war bis 1943 Präsident der Reichskammer der Bildenden Künste und leitete im Auftrag Hitlers ab 1937 die „Reinigung" der deutschen Museen und Galerien von „entarteter Kunst". Seine Frauenakte waren Lieblingsmotive Hitlers.

8   Adolf Ziegler
(1892 – 1959)
Weiblicher Akt, ca. 1942
105 x 80 cm,
Öl auf Leinwand
Leihgeber: Deutsches Historisches Museum Berlin

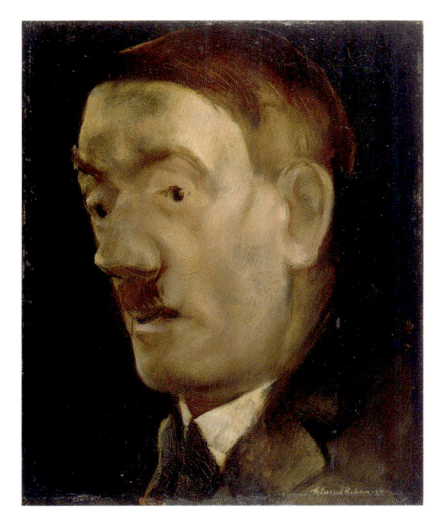

9   Adolf Hitler, 1941.
Gemälde von Klaus Richter.

3   Berlin im Mai 1945.
Fotografie von Georgij Petrussow.

4   Gefangene des Konzentrationslagers Mauthausen jubeln am 5. Mai 1945
ihren amerikanischen Befreiern zu.

4a   Am 20. November 1945 beginnen vor dem Internationalen Militärtribunal im
Nürnberger Justizpalast die Verhandlungen zur Bestrafung der Hauptkriegsverbrecher.
Hintere Reihe von links: Karl Dönitz, Erich Raeder, Baldur von Schirach, Fritz Sauckel,
Alfred Jodl, Franz von Papen, Arthur Seyß-Inquart, Albert Speer, Konstantin von Neurath,
Hans Fritzsche. Vordere Reihe von links: Hermann Göring, Rudolf Hess, Joachim
von Ribbentrop, Wilhelm Keitel, Ernst Kaltenbrunner, Alfred Rosenberg, Hans Frank,
Wilhelm Frick, Julius Streicher, Walter Funk und Hjalmar Schacht.

Todesfuge

Schwarze Milch der Frühe wir trinken sie abends
wir trinken sie mittags und morgens wir trinken sie nachts
wir trinken und trinken
wir schaufeln ein Grab in den Lüften da liegt man nicht eng
Ein Mann wohnt im Haus der spielt mit den Schlangen der schreibt
der schreibt wenn es dunkelt nach Deutschland dein goldenes Haar Margarete
er schreibt es und tritt vor das Haus und es blitzen die Sterne er pfeift seine Rüden herbei
er pfeift seine Juden hervor läßt schaufeln ein Grab in der Erde
er befiehlt uns spielt auf nun zum Tanz

Schwarze Milch der Frühe wir trinken dich nachts
wir trinken dich morgens und mittags wir trinken dich abends
wir trinken und trinken
Ein Mann wohnt im Haus der spielt mit den Schlangen der schreibt
der schreibt wenn es dunkelt nach Deutschland dein goldenes Haar Margarete
Dein aschenes Haar Sulamith wir schaufeln ein Grab in den Lüften da liegt man nicht eng

Er ruft stecht tiefer ins Erdreich ihr einen ihr andern singet und spielt
er greift nach dem Eisen im Gurt er schwingts seine Augen sind blau
stecht tiefer die Spaten ihr einen ihr andern spielt weiter zum Tanz auf

Schwarze Milch der Frühe wir trinken dich nachts
wir trinken dich mittags und morgens wir trinken dich abends
wir trinken und trinken
ein Mann wohnt im Haus dein goldenes Haar Margarete
dein aschenes Haar Sulamith er spielt mit den Schlangen

Er ruft spielt süßer den Tod der Tod ist ein Meister aus Deutschland
er ruft streicht dunkler die Geigen dann steigt ihr als Rauch in die Luft
dann habt ihr ein Grab in den Wolken da liegt man nicht eng

Schwarze Milch der Frühe wir trinken dich nachts
wir trinken dich mittags der Tod ist ein Meister aus Deutschland
wir trinken dich abends und morgens wir trinken und trinken
der Tod ist ein Meister aus Deutschland sein Auge ist blau
er trifft dich mit bleierner Kugel er trifft dich genau
ein Mann wohnt im Haus dein goldenes Haar Margarete
er hetzt seine Rüden auf uns er schenkt uns ein Grab in der Luft
er spielt mit den Schlangen und träumet der Tod ist ein Meister aus Deutschland

dein goldenes Haar Margarete
dein aschenes Haar Sulamith

Paul Celan

Brief aus Russland

Man wird tierisch.
Das macht die eisenhaltige
Luft. Aber das faltige
Herz fühlt manchmal noch lyrisch.
Ein Stahlhelm im Morgensonnenschimmer.
Ein Buchfink singt und der Helm rostet.
Was wohl zu Hause ein Zimmer
mit Bett und warm Wasser kostet?
Wenn man nicht so müde wär!

Aber die Beine sind schwer.
Hast du noch ein Stück Brot?
Morgen nehmen wir den Wald.
Aber das Leben ist hier so tot.
Selbst die Sterne sind fremd und kalt.
Und die Häuser sind
so zufällig gebaut.
Nur manchmal siehst du ein Kind,
das hat wunderbare Haut.

Wolfgang Borchert

Ich trage viel in mir

Vergangenheit früherer Leben,
Verschüttete Gegenden,
Mit leichten Spuren von Sternenstrahlen.
Oft bin ich nicht an der Oberfläche,
Hinabgetaucht in fremdeigene Gegenden bin ich.
Ich habe Heimweh.
O Reste, Überbleibsel, O vergangene Vergangenheit!

Franz Werfel

5 Am 20. Juli 1944 scheitert ein von ranghohen Offizieren geplantes und im Besprechungsraum des Führerhauptquartiers Wolfsschanze ausgeführtes Bombenattentat auf Adolf Hitler.

6 Nachdem Deutschland die Schlacht um Stalingrad verloren hat, ruft Propagandaminister Joseph Goebbels in seiner „Sportpalastrede" am 18. Februar 1943 die Deutschen zum „totalen Krieg" auf.

Du, der du, sitzend im Buge des Bootes
Siehest am unteren Ende das Leck
Wende lieber den Blick nicht weg
Denn du bist nicht aus dem Auge des Todes.

Über die Bezeichnung Emigranten

Immer fand ich den Namen falsch, den man uns gab: Emigranten.
Das heißt doch Auswanderer. Aber wir
Wanderten doch nicht aus, nach freiem Entschluß
Wählend ein anderes Land. Wanderten wir doch auch nicht
Ein in ein Land, dort zu bleiben, womöglich für immer.
Sondern wir flohen. Vertriebene sind wir, Verbannte.
Und kein Heim, ein Exil soll das Land sein, das uns da aufnahm.
Unruhig sitzen wir so, möglichst nahe den Grenzen
Wartend des Tags der Rückkehr, jede kleinste Veränderung
Jenseits der Grenze beobachtend, jeden Ankömmling
Eifrig befragend, nichts vergessend und nichts aufgebend
Und auch verzeihend nichts, was geschah, nichts verzeihend.
Ach, die Stille der Stunde täuscht uns nicht! Wir hören die Schreie
Aus ihren Lagern bis hierher. Sind wir doch selber
Fast wie Gerüchte von Untaten, die da entkamen
Über die Grenzen. Jeder von uns
Der mit zerrissenen Schuhn durch die Menge geht
Zeugt von der Schande, die jetzt unser Land befleckt.
Aber keiner von uns
Wird hier bleiben. Das letzte Wort
Ist noch nicht gesprochen.

Bertolt Brecht

7 Wahlplakate der Parteien aller Besatzungszonen, 1946/1947.

1949

Noch einmal dem Nichts entstiegen,
Noch einmal aus Flammen neu,
Seh ich dich im Morgen liegen,
Schöne Welt, dem Treuen treu.
Komm, begegne meinem Hoffen,
Gib an Lust und Schmerz mein Teil;
Gläubig steht mein Busen offen
Deinem Blitz und Todespfeil!

Ricarda Huch

Rückkehr

Die Vaterstadt, wie find ich sie doch?
Folgend den Bomberschwärmen
Komm ich nach Haus.
Wo denn liegt sie? Wo die ungeheueren
Gebirge von Rauch stehn.
Das in den Feuern dort
Ist sie.

Die Vaterstadt, wie empfängt sie mich wohl?
Vor mir kommen die Bomber. Tödliche Schwärme
Melden euch meine Rückkehr. Feuersbrünste
Gehen dem Sohn voraus.

Bertolt Brecht

1   Zurückgekehrt aus der Kriegsgefangenschaft.
Fotografie von Hannes Kilian.

Die andre Möglichkeit

Wenn wir den Krieg gewonnen hätten,
mit Wogenprall und Sturmgebraus,
dann wäre Deutschland nicht zu retten
und gliche einem Irrenhaus

Man würde uns nach Noten zähmen
wie einen wilden Völkerstamm.
Wir sprängen, wenn Sergeanten kämen,
vom Trottoir und stünden stramm.

Wenn wir den Krieg gewonnen hätten,
dann wären wir ein stolzer Staat.
Und preßten noch in unsern Betten
die Hände an die Hosennaht.

Die Frauen müßten Kinder werfen,
Ein Kind im Jahre. Oder Haft.
Der Staat braucht Kinder als Konserven.
Und Blut schmeckt ihm wie Himbeersaft.

Wenn wir den Krieg gewonnen hätten,
dann wär der Himmel national.
Die Pfarrer trügen Epauletten.
Und Gott wär deutscher General.

Die Grenze wär ein Schützengraben.
Der Mond wär ein Gefreitenknopf.
Wir würden einen Kaiser haben
und einen Helm statt einem Kopf.

Wenn wir den Krieg gewonnen hätten,
dann wäre jedermann Soldat.
Ein Volk der Laffen und Lafetten!
Und ringsherum wär Stacheldraht!

Dann würde auf Befehl geboren.
Weil Menschen ziemlich billig sind.
Und weil man mit Kanonenrohren
allein die Kriege nicht gewinnt.

Dann läge die Vernunft in Ketten.
Und stünde stündlich vor Gericht.
Und Kriege gäb's wie Operetten.
Wenn wir den Krieg gewonnen hätten –
zum Glück gewannen wir ihn nicht!

Erich Kästner

8   Karl Hofer (1878–1955)
Mädchen mit Triangel, 1949
Öl auf Leinwand
67 x 87 cm
Dauerleihgabe der
Losito Kressmann-Zschach
Foundation

Märchenende

Als er zerfleischt war
zu halber Höhe des Berges
rollte sein Kopf sich rund
den Kindern zum Ball.
Sein Herz flog auf
und sang im Baum mit den Meisen
auf der Wiese grünte sein Haar
und wehte im Wind

In seinem Blut
fingen die Fische Fische
seine Knochen
machten die Sterne weiß.
Nur die Vögel der Nacht
zum Mahle geladen
fanden die Stelle leer
und flogen hungrig davon

Erich Fried

2 Zwischen 1946 und 1948 schicken US-amerikanische Hilfsorganisationen fünf Millionen CARE-Pakete mit Lebensmitteln nach Deutschland.

3 *Dazu brauchte Hitler 12 Jahre Zeit.* Fotografie von Fritz Eschen.

Die Händler

Sie sind nicht feilschende Juden
und das ist leicht zu erkennen
denn sie leben
und sechs Millionen feilschende Juden sind tot

Sie leben und protestieren:
Man tut uns Unrecht
Es waren nicht sechs Millionen
es waren nur fünfeinhalb

Sie leben und wehren sich
gegen das bittere Unrecht:
Es waren nicht fünfeinhalb
es waren nur fünf

Nur fünf Millionen –
man tut uns millionenfach Unrecht
nur fünf Millionen –
Wer bietet weniger?

Erich Fried

4 Währungsreform am 20. Juni 1948. Die neue Deutsche Mark löst die „Zigarettenwährung" ab. Fotografie von Hannes Rosenberg.

Der gute Mensch

Sein ist die Kraft, das Regiment der Sterne,
Er hält die Welt wie eine Nuß in Fäusten,
Unsterblich schlingt sich Lachen um sein Antlitz,
Krieg ist sein Wesen und Triumph sein Schritt.
Und wo er ist und seine Hände breitet,
Und wo sein Ruf tyrannisch niederdonnert,
Zerbricht das Ungerechte aller Schöpfung,
Und alle Dinge werden Gott und eins.
Unüberwindlich sind des Guten Tränen,
Baustoff der Welt und Wasser der Gebilde,
Wo seine guten Tränen niedersinken,
Verzehrt sich jede Form und kommt zu sich.
Gar keine Wut ist seiner zu vergleichen.
Er steht im Scheiterhaufen seines Lebens,
Und ihm zu Füßen ringelt sich verloren
Der Teufel, ein zertretner Feuerwurm.
Und fährt er hin, dann bleiben ihm zur Seite
Zwei Engel, die das Haupt in Sphären tauchen,
Und brüllen jubelnd unter Gold und Feuer,
Und schlagen donnernd ihre Schilde an.

Franz Werfel

Ein Ausweg

Ein Mensch, der spürt, wenn auch verschwommen,
Er müßte sich, genau genommen,
Im Grunde seines Herzens schämen,
Zieht vor, es nicht genau zu nehmen.

Eugen Roth

Begräbnis meines Vaters

Am Judenfriedhof ist viel Land umbrochen
und Sarg um Sarg kommt, und die Sonne scheint.
Der Pfleger sagt: So geht es schon seit Wochen.
Ein Kind hascht Falter, und ein Alter weint.

Dumpf fällt der Vater in die Erde,
ich werfe Lehm nach, feucht und kalt.
Der Kantor singt. Es wiehern schwarze Pferde.
Es riecht nach Sommeraufenthalt.

Die mir die Gärten meiner Stadt versagen,
die Bank im staubigen Grün am Kai,
sie haben mir den Vater totgeschlagen,
daß ich ins Freie komm und Frühling seh.

Erich Fried

Entfremdung

In den Bäumen kann ich keine Bäume mehr sehen.
Die Äste haben nicht die Blätter, die sie in den Wind halten.
Die Früchte sind süß, aber ohne Liebe.
Sie sättigen nicht einmal.
Was soll nur werden?
Vor meinen Augen flieht der Wald,
vor meinem Ohr schließen die Vögel den Mund,
für mich wird keine Wiese zum Bett.
Ich bin satt vor der Zeit
und hungre nach ihr.
Was soll nur werden?

Auf den Bergen werden nachts die Feuer brennen.
Soll ich mich aufmachen, mich allem wieder nähern?

Ich kann in keinem Weg mehr einen Weg sehen.

Ingeborg Bachmann

5   Berliner Luftbrücke: Während der Blockade durch die
Sowjetunion landen die „Rosinenbomber" der Alliierten im
Minutentakt auf den Flughäfen Tempelhof, Gatow und Tegel.
5a Berlin geht aus der Blockade geteilt hervor.

Der Spiegel

Vernichtung ließ und Weltenbrand
den Spiegel an der Trümmerwand,
die der Zerstörung widerstand,
in dem sich nun der Mond besieht,
eh ihn die Wolke zu sich zieht
und mit ihm in das Dunkel flieht.

Fremd hängt der Spiegel, ganz allein,
nichts Eitles blickt in ihn hinein,
bis jäh darin der Widerschein
der frevelhaften Flammenschrift,
wenn wieder Mord die Nacht durchschifft,
mit Gottes Glanz zusammentrifft.

Denn, ist verwüstet auch sein Haus
und gingen alle Lichter aus,
verkroch im Dunst sich Mensch und Maus:
ein Stern tritt aus dem Nebelflor
doch immer wieder hell hervor,
wenn schon das Herz den Mut verlor.

Und schützt uns, bis der Morgen glüht
und sich der Tag von neuem müht
und aus Ruinen Frühling blüht
und, wer den Schrecken überstand,
die Zauberkräfte wiederfand
des Spiegels an der Trümmerwand.

„Spieglein, Spieglein, an der Wand,
wann kommt der Friede in diesem Land?"

Max Herrmann-Neiße

6   Am 23. Mai 1949 tritt das Grundgesetz für die Bundesrepublik Deutschland in Kraft, am 7. Oktober 1949 erklärt die Provisorische Volkskammer die Verfassung der Deutschen Demokratischen Republik zu geltendem Recht.

7   Theaterplakat von John Heartfield und Wieland Herzfelde für Bertolt Brechts *Die Mutter* am Deutschen Theater Berlin 1951.

1954

Mit wechselndem Schlüssel

Mit wechselndem Schlüssel
schließt du das Haus auf, darin
der Schnee des Verschwiegenen treibt.
Je nach dem Blut, das dir quillt
aus Aug oder Mund oder Ohr,
wechselt dein Schlüssel.

Wechselt dein Schlüssel, wechselt das Wort,
das treiben darf mit den Flocken.
Je nach dem Wind, der dich fortstößt,
ballt um das Wort sich der Schnee.

Paul Celan

1   *Feierabend.* Fotografie von Josef Heinrich Darchinger.
2   *Der Nierentisch.* Fotografie von Willi Moegle. 
3   *… das Geschäftsleben kommt langsam in Gang,* Berlin 1954.
3a *Eisenacher Straße in Berlin,* 1954.
Fotografien von Herbert Tobias.

8   Werner Heldt (1904–1954)
Häuserstilleben (Stadtansicht – Fächerbild), 1954
Öl auf Leinwand, 60 × 105 cm
Leihgeber: Berlinische Galerie, Landesmuseum für Moderne Kunst, Fotografie und Architektur

4   Aufstand des 17. Juni 1953: Arbeiter mit schwarz-rot-goldenen Fahnen ziehen durch das Brandenburger Tor in den Westteil Berlins.

Im Frieden

„Schwere Zeiten"
sagte das Blei zum Studenten

„Wie sich's trifft"
sagte das Blut zum Stein

„Ohne Sorge"
sagte die Ruhe zur Ordnung

„In Gottes Namen"
sagen die Träger zum Sarg

Erich Fried

Einsicht

Ein Mensch beweist uns klipp und klar,
Daß er es eigentlich nicht war.
Ein anderer Mensch mit Nachdruck spricht:
Wer es auch sei ... ich war es nicht!
Ein dritter läßt uns etwas lesen,
Wo drinsteht, daß ers nicht gewesen.
Ein vierter weist es weit von sich:
Wie? sagt er, was? Am Ende ich?
Ein fünfter überzeugt uns scharf,
Daß man an ihn nicht denken darf.
Ein sechster spielt den Ehrenmann,
Der es gewesen nicht sein kann.
Ein siebter ... kurz wir sehens ein:
Kein Mensch will es gewesen sein.
Die Wahrheit ist in diesem Falle:
Mehr oder minder warn wirs alle!

Eugen Roth

5   Im Mai 1955 wird die Bundesrepublik Deutschland Mitglied der NATO. Fotografie von Walter Hallstein.
5a Am 4. Juli 1954 gewinnt die deutsche Nationalmannschaft die Fußballweltmeisterschaft in Bern.

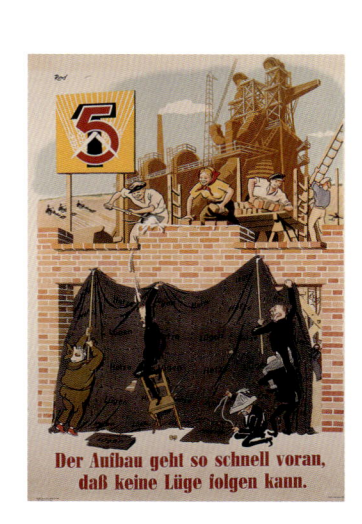

6   Die DDR feiert den Wiederaufbau der Industrie unter dem ersten Fünfjahresplan 1951 bis 1955.

6a Der Industriellen-Verein *Die Waage* wirbt für die Soziale Marktwirtschaft und unterstützt die CDU/CSU bei der Bundestagswahl 1957.

Der Dunkle

I
Ach gäb er mir zurück die alte Trauer,
die einst mein Herz so zauberschwer umfing,
da gab es Jahre, wo von jeder Mauer
ein Tränenflor aus Tristanblicken hing.

Da littest du, doch es war Auferstehung,
da starbst du hin, doch es war Liebestod,
doch jetzt bei jedem Schritt und jeder Drehung
liegen die Fluren leer und ausgeloht.

Die Leere ist wohl auch von jenen Gaben,
in denen sich der Dunkle offenbart,
er gibt sie dir, du musst sie trauernd haben,
doch diese Trauer ist von anderer Art.

II
Auch laß die Einsamkeiten größer werden,
nimm dich zurück aus allem, was begann,
reihe dich ein in jene Weideherden,
die dämmert schon die schwarze Erde an.

Licht ist von großen Sonnen, Licht ist Handeln,
in seiner Fülle nicht zu überstehn,
ich liebe auch den Flieder und die Mandeln
mehr in Verschleierung zur Blüte gehn.

Hier spricht der Dunkle, dem wir nie begegnen,
erst hebt er uns, indem er uns verführt,
doch ob es Träume sind, ob Fluch, ob Segnen,
das läßt er alles menschlich unberührt.

III
Gemeinsamkeit von Geistern und von Weisen,
vielleicht, vielleicht auch nicht, in einem Raum,
bestimmt von Ozean und Wendekreisen
das ist für viele ein erhabner Traum.

Mythen bei Inkas und bei Sansibaren,
die Sintflutsage rings und völkerstet –
doch keiner hat noch etwas je erfahren,
das vor dem Dunklen nicht vorübergeht.

IV
Grau sind die Hügel und die Flüsse grau,
sie tragen schon Urahnen aller Jahre,
und nun am Ufer eine neue Frau
gewundene Hüften, aufgedrehte Haare.

Und auf der Wiese springen Stiere an,
gefährdend jedes, mit dem Horn zerklüftet,
bis in die Koppel tritt geklärt ein Mann,
der bändigt alles, Hörner, Haare, Hüften.

Und nun beginnt der enggezogene Kreis,
der trächtige, der tragische, der schnelle,
der von der großen Wiederholung weiß –
und nur der Dunkle harrt auf seiner Stelle.

Gottfried Benn

7 Der Feriendienst des Freien Deutschen Gewerkschaftsbundes ist der größte Reiseveranstalter der DDR.

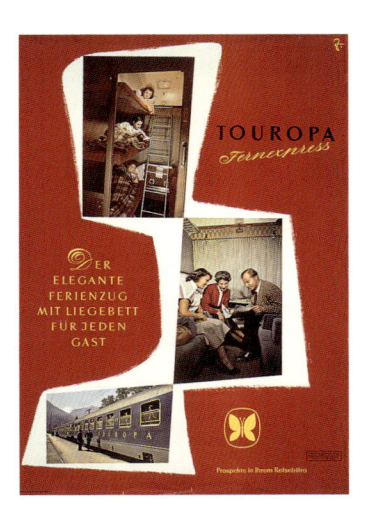

7a Die 1948 von Carl Degener mit anderen Unternehmern gegründete Arbeitsgemeinschaft für Gesellschaftsreisen nennt sich seit 1951 TOUROPA. Plakatentwurf von Carl Gerber.

1959

Das Schnitzel

Ein Mensch, der sich ein Schnitzel briet,
Bemerkte, daß ihm das mißriet.
Jedoch, da er es selbst gebraten,
Tut er, als wär es ihm geraten,
Und, um sich nicht zu strafen Lügen,
Ißt er's mit herzlichem Vergnügen.

Eugen Roth

1   Privates Fotoalbum.   2   Privates Fotoalbum.   3   Stammtischrunde.
3a Kaffeekränzchen.
Fotografien von Josef Heinrich Darchinger.

Nur zwei Dinge

Durch so viele Formen geschritten,
durch Ich und Wir und Du,
doch alles blieb erlitten
durch die ewige Frage: wozu?

Das ist eine Kinderfrage.
Dir wurde erst spät bewußt,
es gibt nur eines: ertrage
– ob Sinn, ob Sucht, ob Sage –
dein fernbestimmtes: Du mußt.

Ob Rosen, ob Schnee, ob Meere,
was alles erblühte, verblich,
es gibt nur zwei Dinge: die Leere
und das gezeichnete Ich.

Gottfried Benn

8   Hans Laabs (1915 – 2004)
Die Wartende, 1958
Öl auf Leinwand, 100 x 80 cm,
Leihgeber: Kunstsammlung
der Berliner Volksbank

Trennung oder eine Konjugation

ich werde regiert
du wirst regiert
er wird regiert
sie wird regiert
es wird regiert
wir werden regiert
ihr werdet regiert
sie regieren

Thomas Brasch

4   Plakat der CDU zur Bundestagswahl 1961.

4a   Bitterfeld, drei Männer beim Aufhängen eines Plakats mit der Inschrift „*Am 13. August gab's roten Pfeffer für Brandts Agenten und Riaskläffer. Die Hausgemeinschaft*". Am Sonntag, dem 13. August 1961 riegelt die Nationale Volksarmee der DDR die Sektorengrenze ab und beginnt mit dem Bau der Berliner Mauer. Fotografie von Walter Nosk.

Schliere

Schliere im Aug:
von den Blicken auf halbem
Weg erschautes Verloren.
Wirklichgesponnenes Niemals,
wiedergekehrt.

Wege, halb – und die längsten.

Seelenbeschrittene Fäden,
Glasspur,
rückwärtsgerollt
und nun
vom Augen-Du auf dem steten
Stern über dir
weiß überschleiert.

Schliere im Aug:
daß bewahrt sei
ein durchs Dunkel getragenes Zeichen,
vom Sand (oder Eis?) einer fremden
Zeit für ein fremderes Immer
belebt und als stumm
vibrierender Mitlaut gestimmt.

Paul Celan

9   Gerhard Altenbourg
(1926 – 1989)
Herr Fack steht an der Mauer,
1964, Pitt-Kreide auf
Schoellerhammer Karton
88,5 x 62,5 cm
Leihgeber: Kunstsammlung
der Berliner Volksbank

5   Am 24. März 1959 wird die
Preussag privatisiert, die bis dahin Teil
des staatseigenen VEBA-Konzerns war.
Im Bild füllt eine Frau das Antragsfor-
mular für die Volksaktien aus.

6   Plakat zum 10-jährigen Bestehen der DDR.
Plakatentwurf von Wilhelm Dostal.
6a Wahlplakat der CDU zur Bundestagswahl, 1957.
Plakatentwurf von Paul Aigner.

7   Anzeige für Lux-Geschirrspülmittel aus einer Illustrierten.

Allerseelen

Was hab ich
getan?
Die Nacht besamt, als könnt es
noch andere geben, nächtiger als
diese.

Vogelflug, Steinflug, tausend
beschriebene Bahnen. Blicke,
geraubt und gepflückt. Das Meer,
gekostet, vertrunken, verträumt. Eine Stunde,
seelenverfinstert. Die nächste, ein Herbstlicht,
dargebracht einem blinden
Gefühl, das des Wegs kam. Andere, viele,
ortlos und schwer aus sich selbst: erblickt und umgangen.
Findlinge, Sterne,
schwarz und voll Sprache: benannt
nach zerschwiegenem Schwur.

Und einmal (wann? auch dies ist vergessen):
den Widerhaken gefühlt,
wo der Puls den Gegentakt wagte.

Paul Celan

Das Unauffindbare

Du suchst den Anfang, suchst zurück:
So schön, so schön war es, daß Du nun glaubst,
Es sei der Sinn, den Du aufs neue Dir belaubst,
Und es ersteht Dir Stück um Stück
Das Einst, das Glück.

Der Berg, die Landschaft, ein Hotel,
Die schöne Zeit! Du liebtest eine Frau
Fast war es Sinn; ein Kindheitsgarten voller Tau –,
Knietest Du nicht? Oh, es entglitt, entglitt so schnell,
Ein Glücksmodell.

Nun kniest Du wieder, alter Mann,
Und suchst das Schöne, dem Du nicht mehr glaubst,
Da Du vor Schönheit stets Dich selbst beraubst,
Beraubt des Sinns, der Durch die Finger rann,
Suchst Deine Schuld im Einst, suchst sie im Wann,
Tastend zum Unergreiflichen, ergriffen Deines Raubs:
Wann fing das Unglück an,
Wann fing es an?

Hermann Broch

1964

In der Flucht
welch großer Empfang
unterwegs –

Eingehüllt
in der Winde Tuch
Füße im Gebet des Sandes
der niemals Amen sagen kann
denn er muß
von der Flosse in den Flügel
und weiter –

Der kranke Schmetterling
weiß bald wieder vom Meer –
Dieser Stein
mit der Inschrift der Fliege
hat sich mir in die Hand gegeben –

An Stelle von Heimat
halte ich die Verwandlungen der Welt –

Nelly Sachs

1   Ludwig Erhard mit Marika Kilius und Hans-Jürgen Bäumler.

2   Einkauf. Fotografie von Josef Heinrich Darchinger.

3   Privates Fotoalbum.

8   Wolfgang Petrick (*1939)
Die Unseriösen, 1964
Kunstharz auf Nessel
141 x 111 cm
Leihgeber: Kunstsammlung
der Berliner Volksbank

Vieldeutung

Ein Mensch schaut in die Zeit zurück
und sieht, sein Unglück war sein Glück.

Eugen Roth

Kombination IV

1

Gefangen in der Falle der Verbindlichkeiten.
Die Vernunft ist ein Tier im Käfig.
Das Wort Zufall hat keinen Inhalt.
Und die Grundfigur der Handlungsabläufe
ist immer dieselbe.

2

Reduktion auf die Variationen eines Modells.
Und das Modell ist eine Kombination von Tätigkeitswörtern.
Erinnerung bildet nicht.
Entwicklung ist nur der Einsatz der immer gleichen Tonfolge.

3

Die Erinnerung an den ersten Ton ist der Schock des
unbekannten Gedächtnisses.
Das Entfernte hat den Schein der Utopie.
Distanz ist Schönheit.
Das Bild im Fenster transzendiert.
Vergeßnes leuchtet.

4

Die Vernunft ist ein Tier im Käfig.
Das Wort Zufall hat keinen Inhalt.
Zeit. Tropfende Zeit.
Idylle mit schlechtem Gewissen.
Der unbekannte Jäger lächelt.
Und die Nacht blüht.

5

Der durch die Nacht Gehende weiß
daß er in die Falle geht.
Aber das Bewegte ist mit dem Ziel identisch.
Der Kontakt vergißt.

Helmut Heißenbüttel

4   Produktion des Wartburg 353, 1966. Fotografie von Jochen Moll.

5   Das erste Passierscheinabkommen vom 17. Dezember 1963 ermöglicht die Einreise von West- nach Ost-Berlin. Übergang Invalidenstraße Berlin, 1964. Fotografie von Rudolf Hesse.

Kommt einer von ferne

Kommt einer
von ferne
mit einer Sprache
die vielleicht die Laute
verschließt
mit dem Wiehern der Stute
oder
dem Piepen
junger Schwarzamseln
oder
auch wie eine knirschende Säge
die alle Nähe zerschneidet –

Kommt einer
von ferne
mit Bewegungen des Hundes
oder
vielleicht der Ratte
und es ist Winter
so kleide ihn warm
kann auch sein
er hat Feuer unter den Sohlen
(vielleicht ritt er
auf einem Meteor)
so schilt ihn nicht
falls dein Teppich durchlöchert schreit –

Ein Fremder hat immer
seine Heimat im Arm
wie eine Waise
für die er vielleicht nichts
als ein Grab sucht.

Nelly Sachs

6   Plakat, mit dem die Frau als Arbeitskraft umworben wird.
Bundesrepublik Deutschland, um 1962.

6a   1966 erhält Nelly Sachs den Nobelpreis für Literatur *„für ihre hervorragenden lyrischen und dramatischen Werke, die das Schicksal Israels mit ergreifender Stärke interpretieren".*

7   Karikatur aus der Zeitschrift *Simplicissimus*, 1962
Europa mit dem Stier an der Leine; im Hintergrund v.l.n.r. Harold Macmillan, Charles de Gaulle und Konrad Adenauer.
Illustration von Manfred Oesterle.

1969

Deutsche Ortsnamen

Hungerbrunn
Siechenfeld
Büttelbach
Schlachtenmühl
Kriegshaber
Herrnberg

Rabenstein
Judenau
Wundenplan
Reuental
Frondorf
St. Knechten

Erich Fried

1   Italienisches Gastarbeiterpaar unterwegs zum Heimatbesuch.

2   Auf Andreas Baaders Schreibmaschine werden ab 1970 Bekennerschreiben der *Rote Armee Fraktion* getippt.

3   Neue Wohnungen. Fotografie von Josef Heinrich Darchinger.

8 Harald Duwe (1926 – 1984)
Vater mit Kind vor Straßenkreuzer, 1971
Öl auf Leinwand, 118,3 x 88 cm
Leihgeber: Haus der Geschichte, Bonn

Dein Schweigen

Du entfernst dich so schnell
Längst vorüber den Säulen des Herakles
Auf dem Rücken von niemals
Geloteten Meeren
Unter Bahnen von niemals
Berechneten Sternen
Treibst du
Mit offenen Augen.

Dein Schweigen
Meine Stimme
Dein Ruhen
Mein Gehen
Dein Allesvorüber
Mein Immernochda.

Marie Luise Kaschnitz

4 Präsentation des Robotron-Computers auf der Leipziger Frühjahrsmesse, 1970.
4a Angestellte am Computer in einem westdeutschen Unternehmen.

5 Der Kurfürstendamm in Berlin am 11. April 1968, kurz nach dem Attentat auf Rudi Dutschke, bei dem er lebensgefährlich verletzt wird.

In Memoriam Paul Celan

»Meine blonde Mutter
kam nicht heim«
Paul Celan

Kam nicht heim
die Mutter

nie aufgegeben
den Tod

vom Sohn genährt
mit Schwarzmilch

die hielt ihn am Leben
das ertrank
im Tintenblut

Zwischen verschwiegenen Zeilen
das Nichtwort
im Leerraum
leuchtend

Rose Ausländer

6 Am 20. Juli 1969 landen amerikanische Astronauten als erste auf dem Mond.

6a Wettlauf ins All: Im Zeichen des Kalten Krieges konkurrieren Sowjetunion und USA um die Überlegenheit in der Raumfahrt. Der aus Deutschland stammende Raketen- und Weltraumforscher Wernher Freiherr von Braun (r.), seine Frau Maria und der New Yorker Bürgermeister Robert Wagner (l.) lesen am 15. Mai 1958 in New York eine Schlagzeile über den erfolgreichen Start des dritten sowjetischen Sputnik.

7 Bei den Olympischen Sommerspielen 1972 in München nimmt am 5. September eine arabische Terrororganisation israelische Sportler als Geiseln. Der Befreiungsversuch der Polizei endet in einem Blutbad. Plakatentwurf von Albrecht Gaebele.

1974

In jenen Jahren

In jenen Jahren
war die Zeit gefroren:
Eis so weit die Seele reichte

Von den Dächern
hingen Dolche
Die Stadt war aus
gefrorenem Glas
Menschen schleppten
Säcke voll Schnee
zu frostigen Scheiterhaufen

Einmal fiel ein Lied
aus goldnen Flocken
aufs Schneefeld:
„Kennst du das Land
wo die Zitronen blühn?"
Ein Land wo Zitronen blühn?
Wo blüht das Land?
Die Schneemänner
wußten nicht Bescheid

Das Eis wucherte
und trieb
weiße Wurzeln
ins Mark unsrer Jahre

Rose Ausländer

1   Die israelische Premierministerin Golda Meir und Bundeskanzler Willy Brandt in Israel. Fotografie von Lothar Schaack.

2   Jugendliche in der DDR. Fotografie von Gerd Danigel.

8 Bernhard Heisig (*1925)
Kleiner Katastrophenfilm
1977 / 1984 / 1986
Öl auf Leinwand, 140 x 190 cm
Leihgeber: Kunstsammlung
der Berliner Volksbank

zweifel

bleibt es, im großen und ganzen, unentschieden
auf immer und immer, das zeitliche spiel
mit den weißen und schwarzen würfeln?
bleibt es dabei: wenig verlorene sieger,
viele verlorene verlierer?
ja, sagen meine feinde.

ich sage: fast alles, was ich sehe,
könnte anders sein. aber um welchen preis?
die spuren des fortschritts sind blutig.
sind es die spuren des fortschritts?
meine wünsche sind einfach.
einfach unerfüllbar?
ja, sagen meine feinde.

die sekretärinnen sind am leben.
die müllkutscher wissen von nichts.
die forscher gehen ihren forschungen nach.
gut so. die esser essen.

indessen frage ich mich:
ist morgen auch noch ein tag?
ist dies bett eine bahre?
hat einer recht, oder nicht?

ist es erlaubt, auch an den zweifeln zu zweifeln?

nein, euern ratschlag, mich aufzuhängen,
so gut er gemeint ist, ich werde ihn nicht befolgen.
morgen ist auch noch ein tag (wirklich?),
die augen aufzuschlagen und zu erblicken:
etwas gutes, zu sagen: ich habe unrecht behalten.
süßer tag, an dem das selbstverständliche
sich von selber versteht, im großen und ganzen!
was für ein triumph, kassandra,
eine zukunft zu schmecken, die ich widerlegte!
etwas neues, das gut wäre. (das gute alte kennen wir schon …)

ich höre aufmerksam meinen feinden zu.
wer sind meine feinde?
die schwarzen nennen mich weiß,
die weißen nennen mich schwarz.
das höre ich gern. es könnte bedeuten:
ich bin auf dem richtigen weg.
(gibt es einen richtigen weg?)

ich beklage mich nicht. ich beklage die,
denen ich gleichgültig bin mit meinem zweifel.
die haben andere sorgen.

meine feinde setzen mich in erstaunen.
sie meinen es gut mit mir.
dem wäre alles verziehen, der sich abfände
mit sich und mit ihnen.
ein wenig vergeßlichkeit macht schon beliebt.
ein einziges amen,
gleichgültig auf welches credo,
und ich säße gemütlich bei ihnen
und könnte das zeitliche segnen,
mich aufhängen, im großen und ganzen,
getrost, und versöhnt, ohne zweifel,
mit aller welt.

Hans Magnus Enzensberger

3   Plattenbau, DDR 1974. Fotografie von Jochen Moll.

Die guten Bekannten

Ein Mensch begegnet einem zweiten.
Sie wechseln Förm- und Herzlichkeiten,
Sie zeigen Wiedersehensglück
Und gehn zusammen gar ein Stück.
Und während sie die Stadt durchwandern,
Sucht einer heimlich von dem andern
Mit ungeheurer Hinterlist
Herauszukriegen, wer er ist.
Daß sie sich kennen, das steht fest,
Doch äußerst dunkel bleibt der Rest.
Das Wo und Wann, das Wie und Wer,
Das wissen alle zwei nicht mehr.
Doch sind sie, als sie nun sich trennen,
Zu feig, die Wahrheit zu bekennen.
Sie freun sich, daß sie sich getroffen;
Jedoch im Herzen beide hoffen,
Indes sie ihren Abschied segnen,
Einander nie mehr zu begegnen.

Eugen Roth

4   Helmut Schmidt in seinem Arbeitszimmer im neuen Bundeskanzleramt. Fotografie von Ulrich Wienke.

5   Bundeskanzler Helmut Schmidt und der DDR-Staatsratsvorsitzende Erich Honecker auf der KSZE-Abschlusssitzung in Helsinki. Fotografie von Engelbert Reineke.

Denn das Wahre ist ernst

Denn das Wahre ist ernst; traue der Heiterkeit nicht.
Es verblassen des Abends die Farben der Landschaft, auch die heitersten,
und sie zeigt ihre ernsten Linien,
wenn der dunkelnde Ölbaum gegen des Himmels Dämmergrau steht
eingehüllt in Unbeweglichkeit.
Oh das Gewesene, das sich abends herabsenkt
als Ahnung des Immerseienden.
Dann wird der Stein zum Kristall, das Tagewerk aber ruht im
Ernste zum wahren Bleiben.

Hermann Broch

6   Heinrich Böll in seiner Wohnung Hülchrather Straße 7 in Köln. Böll war 1972 der erste deutsche Schriftsteller, dem nach 1945 der Literaturnobelpreis verliehen wurde. Fotografie von Horst Ossinger.

Restaurant

Der Herr drüben bestellt sich noch ein Bier,
das ist mir angenehm, dann brauche ich mir keinen Vorwurf zu machen
daß ich auch gelegentlich einen zische.
Man denkt immer gleich, man ist süchtig;
In einer amerikanischen Zeitschrift las ich sogar,
jede Zigarette verkürze das Leben um sechsunddreißig Minuten,
das glaube ich nicht, vermutlich steht die Coca-Cola-Industrie
oder eine Kaugummifabrik hinter dem Artikel.

Ein normales Leben, ein normaler Tod
das ist auch nichts. Auch ein normales Leben
führt zu einem kranken Tod. Überhaupt hat der Tod
mit Gesundheit und Krankheit nichts zu tun,
er bedient sich ihrer zu seinem Zwecke.

Wie meinen Sie das: der Tod hat mit Krankheit nichts zu tun?
Ich meine das so: viele erkranken, ohne zu sterben,
also liegt hier noch etwas anderes vor,
ein Fragwürdigkeitsfragment,
ein Unsicherheitsfaktor,
er ist nicht so klar umrissen,
hat auch keine Hippe,
beobachtet, sieht um die Ecke, hält sich sogar zurück
und ist musikalisch in einer anderen Melodie.

Gottfried Benn

Der Lichtblick

Ein Mensch erblickt das Licht der Welt –
Doch oft hat sich herausgestellt
Nach manchem trüb verbrachten Jahr,
Dass dies der einzige Lichtblick war.

Eugen Roth

7   Heimbs-Produktpalette.

1979

Das Frühstücksei

Das Ehepaar sitzt am Frühstückstisch. Der Ehemann hat ein Ei geöffnet und beginnt nah einer längeren Denkpause das Gespräch.

ER Berta!
SIE Ja …!
ER Das Ei ist hart!
SIE (*schweigt*)
ER Das Ei ist hart!
SIE Ich habe es gehört …
ER Wie lange hat das Ei denn gekocht …
SIE Zu viel Eier sind gar nicht gesund …
ER Ich meine, wie lange dieses Ei gekocht hat …
SIE Du willst es doch immer viereinhalb Minuten haben …
ER Das weiß ich …
SIE Was fragst du denn dann?
ER Weil dieses Ei nicht viereinhalb Minuten gekocht haben *kann*!
SIE Ich koche es aber jeden Morgen viereinhalb Minuten!
ER Wieso ist es dann mal zu hart und mal zu weich?
SIE Ich weiß es nicht … ich bin kein Huhn!
ER Ach! … Und woher weißt du, wann das Ei gut ist?
SIE Ich nehme es nach viereinhalb Minuten heraus, mein Gott!
ER Nach der Uhr oder wie?
SIE Nach Gefühl … eine Hausfrau hat das im Gefühl …
ER Im Gefühl? … Was hast du im Gefühl?
SIE Ich habe es im Gefühl, wann das Ei weich ist …
ER Aber es ist hart … vielleicht stimmt da mit deinem Gefühl was nicht …
SIE Mit meinem Gefühl stimmt was nicht? Ich stehe den ganzen Tag in der Küche, mache die Wäsche, bring deine Sachen in Ordnung, mache die Wohnung gemütlich, ärgere mich mit den Kindern rum, und du sagst, mit meinem Gefühl stimmt was nicht!?
ER Jaja … jaja … jaja … wenn ein Ei nach Gefühl kocht, dann kocht es eben nur *zufällig* genau viereinhalb Minuten!
SIE Es kann dir doch ganz egal sein, ob das Ei *zufällig* viereinhalb Minuten kocht … Hauptsache, es *kocht* viereinhalb Minuten!
ER Ich hätte nur gern ein weiches Ei und nicht ein *zufällig* weichtes Ei! Es ist mir egal, wie lange es kocht!
SIE Aha! Das ist dir egal … es ist dir also egal, ob ich viereinhalb Minuten in der Küche schufte!
ER Neinnein …
SIE Aber es ist *nicht* egal … das Ei *muß* nämlich viereinhalb Minuten kochen …
ER Das habe ich doch gesagt …
SIE Aber eben hast du doch gesagt, es ist dir egal!
ER Ich hätte nur gern ein weiches Ei …
SIE Gott, was sind Männer primitiv!
ER (*düster vor sich hin*) Ich bringe sie um … morgen bringe ich sie um …

Loriot

1 Phasenzeichnung aus *Das Frühstücksei* von Loriot, 1977.

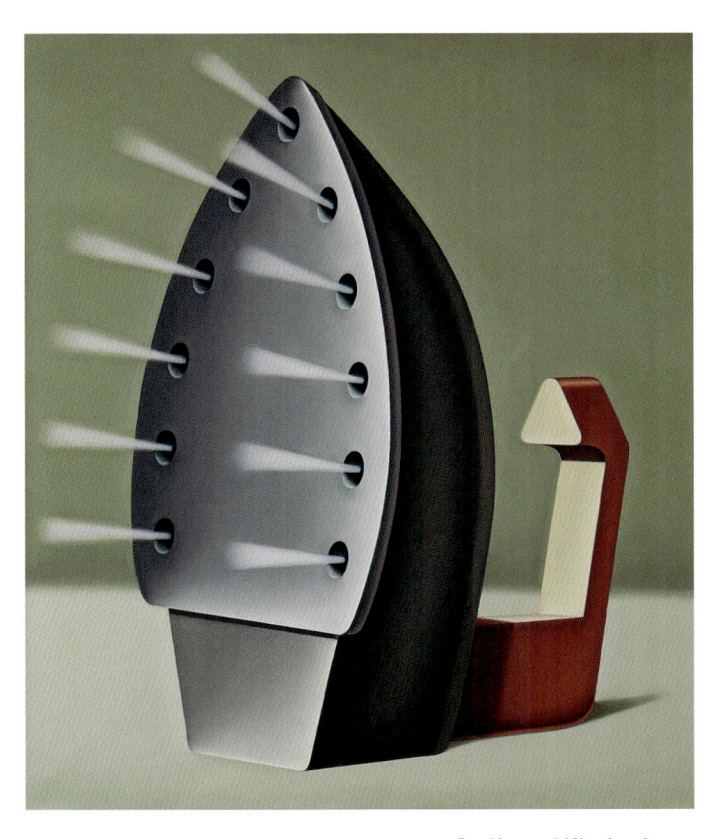

8 Konrad Klapheck
(*1935)
Die Fanatikerin, 1979
Öl auf Leinwand
100 x 85 cm
WGZ BANK Düsseldorf

2 Klingelschild in einem Plattenbau.
Fotografie von Gerd Danigel.

3 Eine unkonventionelle Familie.
Fotografie von Abisag Tüllmann, 1978.

Ich bin mit 31 Jahren in dieses Land gekommen

Christus war 31 als er nach Jerusalem kam
ich will ihnen nichts predigen
ich kann ihnen mit meinen Wörtern nichts sagen, was sie verstehen
sie fragen mich sie drucken mich sie filmen mich sie gebrauchen mich
ich komme aus dem ärmeren Deutschland sie
zeichnen mich aus (5000 Mark Lessing-Preis-Stipendium)
sie brauchen mich
ich komme aus dem deutschen Bauch in die harte deutsche Leber
sie haben Beschwerden deutsche
in Ost und West
im Osten sind sie unbeholfen im Westen sind sie flott
sie haben mich
gedruckt nicht geruckt
fotografiert nicht aufgenommen
interviewt ignoriert
gefragt vernommen
deutsche Geschichte gelehrt
sie haben mich
fallengelassen
weggeworfen auf
mich
russisch und englisch
aber auf mich
danke

Thomas Brasch

4 Tankstelle an der Transitautobahn.

5 Aus Anlass des Besuchs von Bundeskanzler Helmut Schmidt in Güstrow 1981 beherrschen DDR-Sicherheitskräfte das Straßenbild. Fotografie von Klaus Lehnartz.

Wir sind nur Mund. Wer singt das ferne Herz,
das heil inmitten aller Dinge weilt?
Sein großer Schlag ist in uns eingeteilt
in kleine Schläge. Und sein großer Schmerz
ist, wie sein großer Jubel, uns zu groß.
So reißen wir uns immer wieder los
und sind nur Mund. Aber auf einmal bricht
der große Herzschlag heimlich in uns ein,
so dass wir schrein-,
und sind dann Wesen, Wandlung und Gesicht.

Rainer Maria Rilke

6 Das Titelbild zeigt im Hintergrund die nach Mogadischu entführte Lufthansa-Maschine *Landshut*.

7 Plakat von Klaus Staeck, 1980.

1984

Sachliche Romanze

Als sie einander acht Jahre kannten
(und man darf sagen sie kannten sich gut),
kam ihre Liebe plötzlich abhanden.
Wie andern Leuten ein Stock oder Hut.

Sie waren traurig, betrugen sich heiter,
versuchten Küsse, als ob nichts sei,
und sahen sich an und wussten nicht weiter.
Da weinte sie schliesslich. Und er stand dabei.

Vom Fenster aus konnte man Schiffen winken.
Er sagt, es wäre schon Viertel nach vier
und Zeit, irgendwo Kaffee zu trinken.
Nebenan übte ein Mensch Klavier.

Sie gingen ins kleinste Café am Ort
und rührten in ihren Tassen.
Am Abend sassen sie immer noch dort.
Sie sassen allein, und sie sprachen kein Wort
und konnten es einfach nicht fassen.

Erich Kästner

1   Inszenierung von August Strindbergs *Totentanz* am Deutschen Theater Berlin, 1986. Plakatentwurf von Volker Pfüller.

2   Schaufenster in Dresden. Fotografie von Gerd Danigel.

8   Wolfgang Mattheuer (1927 – 2004)
Und die Flügel ziehen himmelwärts, 1987
Öl auf Hartfaser, 125 x 100 cm
Leihgeber: Kunstsammlung
der Berliner Volksbank

Wunsch

Ich möchte von den Dingen die ich sehe
wie von dem Blitz
gespalten werden
Ich will nicht daß sie vorüberziehen
farblos bunte
sie schwimmen auf meiner Netzhaut
sie treiben vorbei
in die dunkle Stelle
am Ende der Erinnerung

Hilde Domin

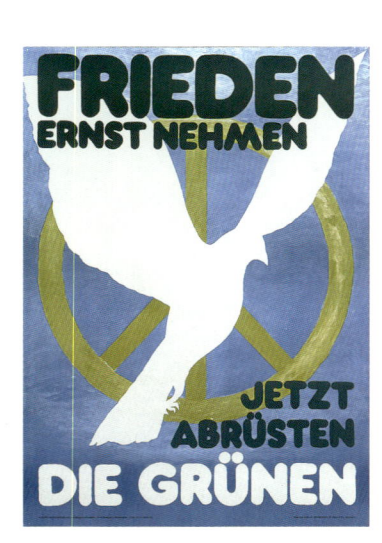

3   Plakat der Grünen gegen die Durchführung des NATO-Doppelbeschlusses.

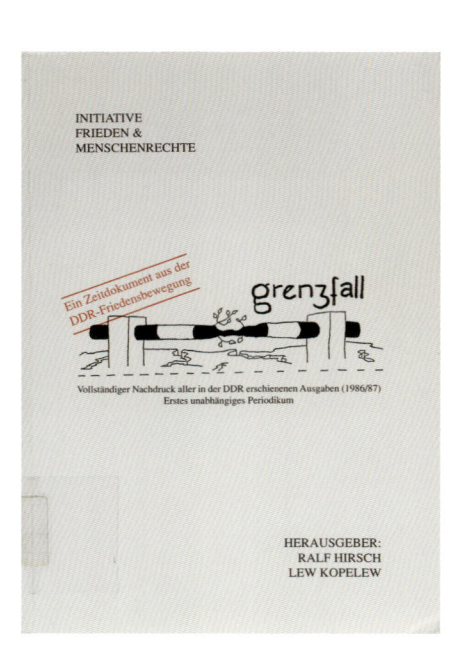

3a   Vollständiger Nachdruck aller in der DDR erschienenen Ausgaben der von der *Initiative Frieden und Menschenrechte* herausgegebenen Zeitschrift.

4   Mitglieder der Gruppe *Initiative Frieden und Menschenrechte,* der ersten von Staat und Kirche unabhängigen Oppositionsgruppe der DDR. Rechts vorn Ralf Hisch, dahinter v. l. n. r. Bärbel Bohley, Irena Kukutz, dahinter Kind, Ulrike Poppe, Martin Böttger, Kind, Reinhard Schult, dahinter Antje Böttger, Stephan Bickhardt. Fotografie von Ulrike Poppe.

Auskunft

Was er gegen Fahnen hätte.
Nichts, sagte er, sie wären
ihm nur an gewissen Stellen zu rot.
Was haben Sie gegen Rot.
Nichts, sagte er, im Gegenteil,
Rot ist die Farbe der Freiheit;
sie schämt sich, weil sie
versäumt worden ist, daher
der Ton. Aber Fahnen, sagte er,
schämen sich nie; im Gegenteil,
sie sind exhibitionistisch und
kleptoman; denn sie haben
der Scham die Farbe gestohlen,
und die Scham ist jetzt bleich.
Es wird Zeit, sagte er,
daß die Scham wieder Farbe bekommt
und daß das Fahnenrot bleich wird.
Nur sehr zögernd ließ man ihn gehen.

Wolfdietrich Schnurre

5 Nach erfolgreichem Misstrauensvotum gratuliert Helmut Schmidt seinem Amtsnachfolger Helmut Kohl am 1. Oktober 1982 in Bonn. Fotografie von Ludwig Wegmann.

6 Inszenierung von August Strindbergs *Die Umsiedlerin oder das Leben auf dem Lande* von Heiner Müller am Staatsschauspiel Dresden, 1984. Plakatentwurf von Jürgen Haufe.

7 SPD-Wahlplakat zur Bundestagswahl 1983.

1989

Vergangenheit als Gegenwart

Solange etwas ist, ist es nicht das, was es gewesen sein wird. Wenn etwas vorbei ist, ist man nicht mehr der, dem es passierte. Allerdings ist man dem näher als anderen. Obwohl es die Vergangenheit, als sie Gegenwart war, nicht gegeben hat, drängt sie sich jetzt auf, als habe es sie so gegeben, wie sie sich jetzt aufdrängt. Aber solange etwas ist, ist es nicht das, was es gewesen sein wird. Wenn etwas vorbei ist, ist man nicht mehr der, dem es passierte. Als das war, von dem wir jetzt sagen, daß es gewesen sei, haben wir nicht gewußt, daß es ist. Jetzt sagen wir, daß es so und so gewesen sei, obwohl wir damals, als es war, nichts von dem wußten, was wir jetzt sagen.

In der Vergangenheit, die alle zusammen haben, kann man herumgehen wie in einem Museum. Die eigene Vergangenheit ist nicht begehbar. Wir haben von ihr nur das, was sie von selbst preisgibt. Auch wenn sie dann nicht deutlicher wird als ein Traum. Je mehr wir's dabei beließen, desto mehr wäre Vergangenheit auf ihre Weise gegenwärtig. Träume zerstören wir auch, wenn wir sie nach ihrer Bedeutung fragen. Der ins Licht einer anderen Sprache gezogene Traum verrät nur noch, was wir ihn fragen. Wie der Gefolterte sagt er alles, was wir wollen, nichts von sich. So ist die Vergangenheit.

Martin Walser

8   Heinrich Tessmer (*1943)
Sich Erinnernder, 1995
Öl auf Leinwand, 70 x 69,2 cm
Leihgeber: Kunstsammlung
der Berliner Volksbank

Ziehende Landschaft

Man muß weggehen können
und doch sein wie ein Baum:
als bliebe die Wurzel im Boden,
als zöge die Landschaft und wir stünden fest.
Man muß den Atem anhalten,
bis der Wind nachläßt
und die fremde Luft um uns zu kreisen beginnt,
bis das Spiel von Licht und Schatten,
von Grün und Blau,
die alten Muster zeigt
und wir zuhause sind,
wo es auch sei,
und niedersitzen können und uns anlehnen,
als sei es an das Grab
unserer Mutter.

Hilde Domin

1   Plakatwand und Straßenschild. Fotografie von Gerd Danigel, 1989.

2   Schrotthalde in den Alpen. Fotografie von Günter Zint.

3   Wilhelmstraße in Berlin. Fotografie von Gerd Danigel.

Das Ganze

Im Taumel war ein Teil, ein Teil in Tränen,
in manchen Stunden war ein Schein und mehr,
in diesen Jahren war das Herz, in jenen
waren die Stürme – wessen Stürme – wer?

Niemals im Glücke, selten mit Begleiter,
meistens verschleiert, da es tief geschah,
und alle Ströme liefen wachsend weiter
und alles Außen ward nur innen nah.

Der sah dich hart, der andre sah dich milder,
der wie es ordnet, der wie es zerstört,
doch was sie sahen, das waren halbe Bilder,
da dir das Ganze nur allein gehört.

Im Anfang war es heller, was du wolltest
und zielte vor und war dem Glauben nah,
doch als du dann erblicktest, was du solltest,
was auf das Ganze steinern niedersah,

da war es kaum ein Glanz und kaum ein Feuer,
in dem dein Blick, der letzte, sich verfing:
ein nacktes Haupt, in Blut, ein Ungeheuer,
an dessen Wimper eine Träne hing.

Gottfried Benn

4 Nach dem Mauerfall: Vor einer Bankfiliale stehen DDR-Bürger für das Begrüßungsgeld an. Fotografie von Sven Simon.

5 In der Nacht vom 9. auf den 10. November 1989 fällt die Berliner Mauer. Fotografie von Gerd Danigel.

6   *Kohl mit Füllhorn*, Illustration von Erich Sokol.
7   Bernauer Straße, Berlin, 1990. Fotografie von Gerd Danigel.

1994

Mein Volk ist frei. Jetzt kann es tun
was es mit sich tun läßt.
Stoß es aus seinen bunten Schuhn
gib ihm den Rest.

Thomas Brasch

1   Michael Sowa: *Da lacht die Galaxis,* 1991.

2   Michael Schumacher, *Benetton-World-Champion* 1994.

8 Ulrich Baehr (*1938)
Lenins Schlaf: Die Flut, 1994
Mischtechnik auf Leinwand
200 x 130 cm
Im Besitz des Künstlers

Ein Pflasterstein, der war einmal

Ein Pflasterstein, der war einmal
Und wurde viel beschritten.
Er schrie: „Ich bin ein Mineral
Und muss mir ein für allemal
Dergleichen streng verbitten!"

Jedoch den Menschen fiel's nicht ein,
Mit ihm sich zu befassen,
Denn Pflasterstein bleibt Pflasterstein
Und muss sich treten lassen.

Joachim Ringelnatz

3   Angst vor der europäischen Währungsunion: Geht mit der deutschen Währung auch die Stärke der deutschen Wirtschaft verloren? Federzeichnung von Horst Haitzinger, 1993.

4   Plakat von Klaus Staeck.

5   Verabschiedung der westlichen Alliierten von Berlin am 8. Juni 1994.

Ja, in der Liebe war es wie im Sport
und wie im Krieg wars in der Liebe auch
das Bett, das Schlachtfeld, der Center Court,
ich unterwerf dich mir, so hieß der Brauch.

Zu frühren Zeiten tat man das mit Stil,
mit Eleganz und leichter Raffinesse
man siegt schweigend und der Gegner fiel
ins Bett, ins Grab oder ganz einfach auf die Fresse.

Heut redet man zuviel von der Verführung
und macht zuviel Gewese, wenn man siegt,
der Todesstoß, der Punktgewinn, die Schönberührung
macht man zu öffentlich und man betrügt

einander um die Regeln viel zu laut,
wenn man einander zart und hart bekriegt.
Der Krieg, der Sport, die Liebe, alles ist versaut,
so daß der Sieg am Ende gar nichts wiegt.

Da kommt es hin, wenn man dem Volk erlaubt
den edelsten Verrichtungen blöd zuzusehn:
Der Krieg, das Spiel, die Liebe, ihres Seins beraubt,
da hilft nur noch sich einfach wegzudrehn.

Thomas Brasch

6   Häuserwand 1992. Fotografie von Gerd Danigel.

7   Werbeanzeige für die E-Klasse von Mercedes-Benz.

1999

1   Bundeskanzler Gerhard Schröder (SPD) mit seinem Stellvertreter, Außenminister Joschka Fischer (BÜNDNIS 90/ DIE GRÜNEN) nach gewonnener Bundestagswahl 1998.

2   1999 nehmen 1,5 Millionen Menschen an der Love Parade teil. Fotografie von Henrik Pohl.

8 Wolfram Odin
(*1954)
Was treibst du so am Wochenende?, 2001
Fotoarbeit, Digitaldruck, Pigmente, auf Forex laminiert, Expl. 1/3, 200 x 125 cm
WGZ BANK Düsseldorf

Kinderlied

Wer lacht hier, hat gelacht?
Hier hat sich's ausgelacht.
Wer hier lacht, macht Verdacht,
daß er aus Gründen lacht.

Wer weint hier, hat geweint?
Hier wird nicht mehr geweint.
Wer hier weint, der auch meint,
daß er aus Gründen weint.

Wer spricht hier, spricht und schweigt?
Wer schweigt, wird angezeigt.
Wer hier spricht, hat verschwiegen,
wo seine Gründe liegen.

Wer spielt hier, spielt im Sand?
Wer spielt, muß an die Wand,
hat sich beim Spiel die Hand
gründlich verspielt, verbrannt.

Wer stirbt hier, ist gestorben?
Wer stirbt, ist abgeworben.
Wer hier stirbt, unverdorben,
ist ohne Grund verstorben.

Günter Grass

3   Ein Koffer voller Spielzeug aus vergangenen Jahrzehnten, gefunden auf einem Flohmarkt. Fotografie von Gerd Danigel.

4   Ostdeutsches Arbeitsamt. Fotografie von Bernd Settnik.

6   *Der Spiegel* vom 2. November 1998.

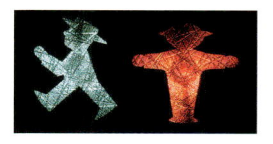

7   Das ostdeutsche Ampelmännchen wird zum Ostalgie-Maskottchen.

5   1999 erhält Günter Grass den Nobelpreis für Literatur. Fotografie von Joseph Gallus Rittenberg.

2004

2 Flohmarktstand mit Stücken aus der DDR und der BRD. Fotografie von Gerd Danigel.

1 Wladimir Putin und Gerhard Schröder. Fotografie von Bernd Kühler.

3 Web-Café für Senioren in Rostock. Fotografie von Bernd Wüstneck.

Die Zeit fährt Auto

Die Städte wachsen. Und die Kurse steigen.
Wenn jemand Geld hat, hat er auch Kredit.
Die Konten reden. Die Bilanzen schweigen.
Die Menschen sperren aus. Die Menschen streiken.
Der Globus dreht sich. Und wir drehn uns mit.

Die Zeit fährt Auto. Doch kein Mensch kann lenken.
Das Leben fliegt wie ein Gehöft vorbei.
Minister sprechen oft vom Steuersenken.
Wer weiß, ob sie im Ernste daran denken?
Der Globus dreht sich und geht nicht entzwei.

Die Käufer kaufen. Und die Händler werben.
Das Geld kursiert, als sei das seine Pflicht.
Fabriken wachsen. Und Fabriken sterben.
Was gestern war, geht heute schon in Scherben
Der Globus dreht sich. Doch man sieht es nicht.

Erich Kästner

8   Esther Horn (*1965)
nachts (fading) 1–3
Öl auf Nessel
30 x 40 cm, 2006
Besitz der Künstlerin

Wie mag er aussehen?

Wer hat zum Steuerbogenformular
Den Text erfunden?
Ob der in jenen Stunden,
Da er dies Wunderwirr gebar,
Wohl ganz ––– oder total ––– war?

Du liest den Text. Du sinnst. Du spinnst.
Du grinst – „Welch Rinds" – Und du beginnst
Wieder und wieder. – Eiskalt
Kommt die Vision dir „Heilanstalt".

Für ihn? Für dich? – Dein Witz erblaßt.
Der Mann, der jenen Text verfaßt,
Was mag er dünkeln oder wähnen?
Ahnt er denn nichts von Zeitverlust und Tränen?

Wir kommen nicht auf seine Spur.
Und er muß wohl so sein und bleiben.
Auf seinen Grabstein sollte man nur
Den Text vom Steuerbogen schreiben.

Joachim Ringelnatz

4   Spuren von Farbbeutelwürfen an der Fassade eines Arbeitsamtes. Fotografie von Gerd Danigel.
4a Willkommen in der Hartz-IV-Welt. 2005. Fotografie von Henning Onken.

Fußball
(nebst Abart und Ausartung)
Der Fußballwahn ist eine Krankheit, aber selten, Gott sei Dank.
Ich kenne wen, der litt akut
An Fußballwahn und Fußballwut.
Sowie er einen Gegenstand
In Kugelform und ähnlich fand.
So trat er zu und stieß mit Kraft
Ihn in die bunte Nachbarschaft.
Ob es ein Schwalbennest, ein Tiegel,
Ein Käse, Globus oder Igel,
Ein Krug, ein Schmuckwerk am Altar,
Ein Kegelball, ein Kissen war,
Und wem der Gegenstand gehörte,
Das war etwas, was ihn nicht störte.
Bald trieb er eine Schweineblase,
Bald steife Hüte durch die Straße.
Dann wieder mit geübtem Schwung
Stieß er den Fuß in Pferdedung.
Mit Schwamm und Seife trieb er Sport.
Die Lampenkuppel brach sofort.
Das Nachtgeschirr flog zielbewußt
Der Tante Berta an die Brust.
Kein Abwehrmittel wollte nützen,
Nicht Stacheldraht in Stiefelspitzen,
Noch Puffer außen angebracht.
Er siegte immer, 0 zu 8.

Und übte weiter frisch, fromm, frei
Mit Totenkopf und Straußenei.
Erschreckt durch seine wilden Stöße,
Gab man ihm nie Kartoffelklöße.
Selbst vor dem Podex und den Brüsten
Der Frau ergriff ihn ein Gelüsten,
Was er jedoch als Mann von Stand
Aus Höflichkeit meist überwand.
Dagegen gab ein Schwartenmagen
Dem Fleischer Anlaß zum Verklagen.
Was beim Gemüsemarkt geschah,
Kommt einer Schlacht bei Leipzig nah.
Da schwirrten Äpfel, Apfelsinen
Durchs Publikum wie wilde Bienen.
Da sah man Blutorangen, Zwetschen
An blassen Wangen sich zerquetschen.
Das Eigelb überzog die Leiber,
Ein Fischkorb platzte zwischen Weiber.
Kartoffeln spritzten und Zitronen.
Man duckte sich vor den Melonen.
Dem Krautkopf folgten Kürbisschüsse.
Dann donnerten die Kokosnüsse.
Genug! Als alles dies getan,
Griff unser Held zum Größenwahn.
Schon schäkernd mit der U-Bootsmine
Besann er sich auf die Lawine.
Doch als pompöser Fußballstößer
Fand er die Erde noch viel größer.
Er rang mit mancherlei Problemen.
Zunächst: Wie soll man Anlauf nehmen?
Dann schiffte er von dem Balkon
Sich ein in einem Luftballon.
Und blieb von da an in der Luft,
Verschollen. Hat sich selbst verpufft. –
Ich warne euch, ihr Brüder Jahns,
Vor dem Gebrauch des Fußballwahns!

Joachim Ringelnatz

5 Endspiel der Fußball-Weltmeisterschaft 2002.
Fotografie von Gerd Danigel.

6   Internationale Tourismus-Börse in Berlin. Fotografie von Gerd Danigel.

Vornehme Leute, 1.200 Meter hoch

Sie sitzen in den Grandhotels.
Ringsrum sind Eis und Schnee.
Ringsrum sind Berg und Wald und Fels.
Sie sitzen in den Grandhotels
und trinken immer Tee.

Sie haben ihren Smoking an.
Im Walde klirrt der Frost.
Ein kleines Reh hüpft durch den Tann.
Sie haben ihren Smoking an
und lauern auf die Post.

Sie tanzen Blues im Blauen Saal,
wobei es draußen schneit.
Es blitzt und donnert manches Mal.
Sie tanzen Blues im Blauen Saal
und haben keine Zeit.

Sie schwärmen sehr für die Natur
und heben den Verkehr.
Sie schwärmen sehr für die Natur
und kennen die Umgebung nur
von Ansichtskarten her.

Sie sitzen in den Grandhotels
und sprechen viel von Sport.
Und einmal treten sie, im Pelz,
sogar vors Tor der Grandhotels –
und fahren wieder fort.

Erich Kästner

7   *Der Spiegel* vom 24. März 2003.

2009

Die Entwicklung der Menschheit

Einst haben die Kerls auf den Bäumen gehockt,
behaart und mit böser Visage.
Dann hat man sie aus dem Urwald gelockt
und die Welt asphaltiert und aufgestockt,
bis zur dreißigsten Etage.
Da saßen sie nun, den Flöhen entflohn,
in zentralgeheizten Räumen.
Da sitzen sie nun am Telefon.
Und es herrscht noch genau derselbe Ton
wie seinerzeit auf den Bäumen.

Sie hören weit. Sie sehen fern.
Sie sind mit dem Weltall in Fühlung.
Sie putzen die Zähne. Sie atmen modern.
Die Erde ist ein gebildeter Stern
mit sehr viel Wasserspülung.

Sie schießen die Briefschaften durch ein Rohr.
Sie jagen und züchten Mikroben.
Sie versehn die Natur mit allem Komfort.
Sie fliegen steil in den Himmel empor
und bleiben zwei Wochen oben.

Was ihre Verdauung übrigläßt,
das verarbeiten sie zu Watte.
Sie spalten Atome. Sie heilen Inzest.
Und sie stellen durch Stiluntersuchungen fest,
daß Cäsar Plattfüße hatte.

So haben sie mit dem Kopf und dem Mund
Den Fortschritt der Menschheit geschaffen.
Doch davon mal abgesehen und
bei Lichte betrachtet sind sie im Grund
noch immer die alten Affen.

Erich Kästner

1   Barack Obama, 44. Präsident der USA, und seine Frau Michelle. Fotografie von Luke N. Vargas.

2   Spielzeug. Fotografie von Gerd Danigel.

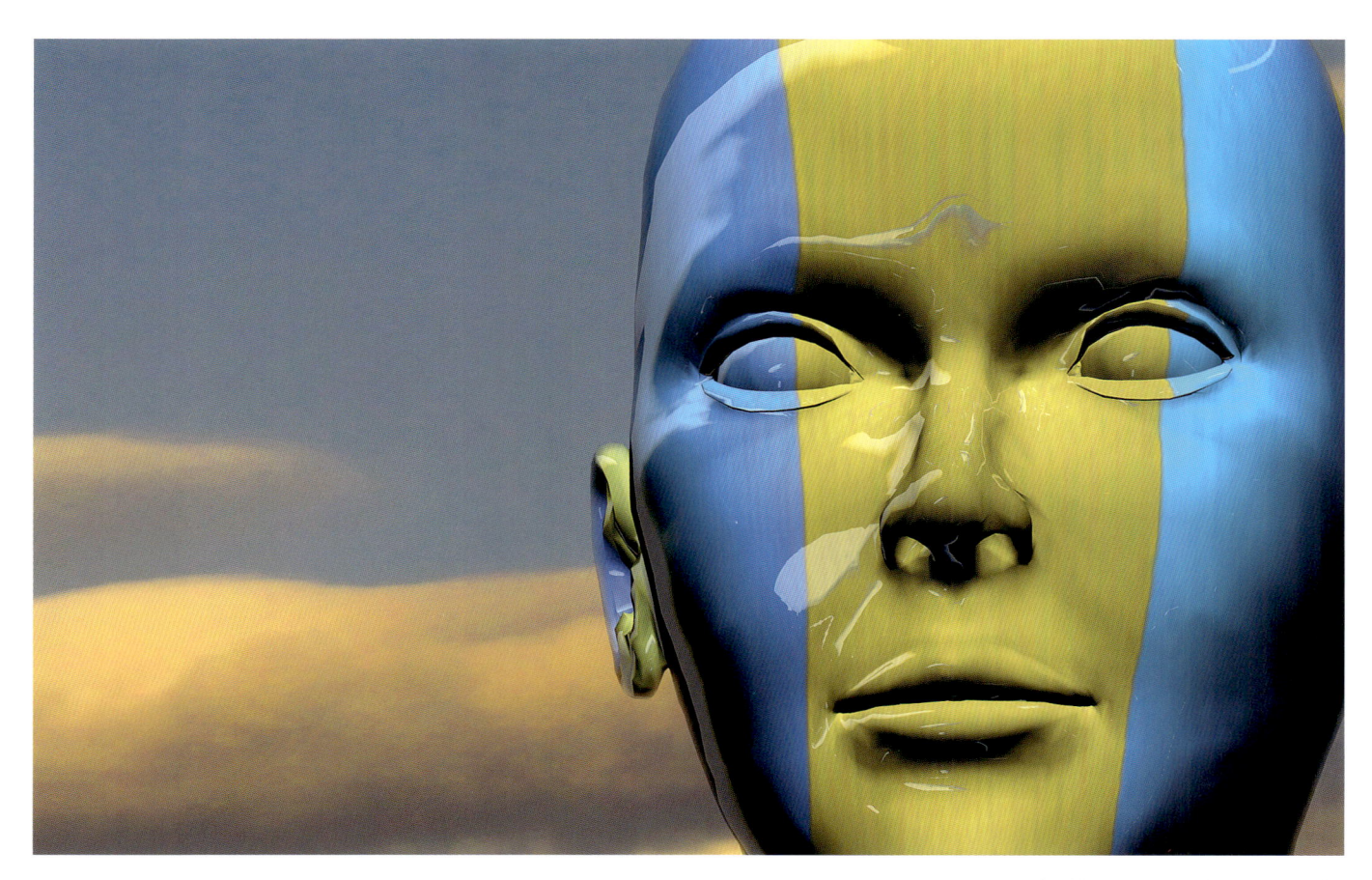

8   Ursula Hentschläger (*1963)
und Zelko Wiener (1953 – 2006)
TITANEN > Tethys, 2005 / 2006
(Ausschnitt aus dem
TITANEN-Fassadenprojekt
am Ars Electronica Center
2005 – 2006).

3   Sommertag. Fotografie von Gerd Danigel.

4   *Der Spiegel* vom 8. Juni 2009.

5   Das Kölner Stadtarchiv stürzt am 3. März 2009 vollständig ein. Fotografie von Raimond Spekking.

Nicht müde werden

Nicht müde werden
sondern dem Wunder
leise
wie einem Vogel
die Hand hinhalten.

Hilde Domin

6   Graffiti an einem Fußgängertunnel.
Fotografie von Gerd Danigel.

7   Straßenstand. Fotografie von Gerd Danigel.

Düsseldorf. Stadttheater mit Bismarck-Denkma[l]

CD: Historisches Tonmaterial und neuere Aufnahmen im Vergleich

Für die beiliegende CD wurde weitgehend historisches Tonmaterial verwendet, in einzelnen Fällen sogar Aufnahmen mit den Künstlern der jeweiligen Uraufführungen.
Jedem einzelnen Titel wird eine Jahrzehnte später entstandene Aufnahme des gleichen Stücks zur Seite gestellt.
Dies ermöglicht einen höchst reizvollen interpretationsgeschichtlichen Vergleich und führt den Zuhörer auf eine Zeitreise von der Entstehungszeit des Werkes über die Nachkriegszeit bis zur Gegenwart.
Die älteren Aufnahmen – einige sind über hundert Jahre alt – sind entsprechend weit von unseren heutigen technischen Standards entfernt. Dies wird aber durch den historischen und dokumentarischen Wert dieser Tondokumente ausgeglichen, die zu den frühesten und seltensten ihrer Gattung zählen.

Peter Sommeregger

Inhalt der CD

1.
Giuseppe Verdi
Othello
Uraufführung 5.2.1887 Mailand
Niun mi tema
Francesco Tamagno, Tenor
(Othello der Uraufführung)
Aufnahme 7.2.1903 Gramo 52674
3:15 min

2.
Niun mi tema
Mario del Monaco, Tenor
Orchestra e Coro dell'Accademia
di S. Cecilia di Roma
Dirigent: Alberto Erede
Aufnahme 1954
4:32 min

———

3.
Peter Iljitsch Tschaikowski
Pique Dame
Uraufführung 19.12.1890
St. Petersburg
Arie der Lisa
Medea Mei-Figner, Sopran
(Lisa der Uraufführung)
Aufnahme 1900
3:34 min

4.
Bald ist es Mitternacht
Elisabeth Grümmer, Sopran
Berliner Rundfunk-
Sinfonieorchester
Dirigent: Arthur Rother
Aufnahme 1946
5:42 min

———

5.
Jules Massenet
Werther
Uraufführung 16.2.1892 Wien
Pourquoi me reveiller
Ernest van Dyck, Tenor
(Werther der Uraufführung)
Aufnahme 1905
2:08 min

6.
Pourquoi me reveiller
Nicolai Gedda, Tenor
Philharmonia Orchestra
Dirigent: Alceo Galliera
Aufnahme 1953
2:48 min

———

7.
Giacomo Puccini
La Boheme
Uraufführung 1.2.1896 Turin
Si, mi chiamano Mimi
Cesira Ferrani, Sopran
(Mimi der Uraufführung)
Aufnahme 1903
2:44 min

8.
Si, mi chiamano Mimi
Renata Tebaidi, Sopran
Orchestra Sinfonica della RAI
di Roma
Dirigent: Alberto Paletti
Aufnahme 29. November 1954
5:23 min

———

9.
Giacomo Puccini
Tosca
Uraufführung 14.1.1900 Rom
Vittoria! Vittoria!
Emilio de Marchi, Tenor
(Cavaradossi der Uraufführung)
Emma Eames, Sopran
Antonio Scotti, Bariton
Aufnahme 1903
1:41 min

10.
Floria!... Amore!
Franco Corelli, Tenor
Zinka Milanov, Sopran
Giangiacomo Guelfi, Bariton
Orchestra Royal Opera House
Covent Garden
Dirigent: Alexander Gibson
Aufnahme 1957
3:24 min

———

11.
Claude Debussy
Pelléas et Mélisande
Uraufführung 30.4.1902 Paris
Mes longs cheveux
Mary Garden, Sopran
(Melisande der Uraufführung)
Claude Debussy, Klavier
Aufnahme 1904
1:42 min

12.
Mes longs cheveux descendant
Elisabeth Schwarzkopf, Sopran
Ernst Haefliger, Tenor
Orchestra Sinfonica della RAI
di Roma
Dirigent: Herbert von Karajan
Aufnahme 19.12.1954
4:32 min

———

13.
Eugen d'Albert
Tiefland
Uraufführung 15.11.1903 Prag
Es kam in jener Nacht ein Wolf
Johannes Sembach, Tenor
Aufnahme 1909
3:30 min

14.
Es kam in jener Nacht ein Wolf
Ludwig Suthaus, Tenor
Aufnahme 1948
4:04 min

———

15.
Franz Lehár
Die lustige Witwe
Uraufführung 30.12.1905 Wien
Lippen schweigen
Louis Treumann, Tenor
Mizzi Günther, Sopran
(Danilo und Hanna der Uraufführung)
Aufnahme 1906 Gramo 2-4405
2:35 min

16.
Bei jedem Walzerschritt
Elisabeth Schwarzkopf, Sopran
Erich Kunz, Bariton
Philharmonia Orchestra
Dirigent: Otto Ackermann
Aufnahme 1953
2:01 min

———

17.
Richard Strauss
Salome
Uraufführung 9.12.1905 Dresden
Jochanaan, ich bin verliebt in deinen Leib
Emmy Destinn, Sopran
1:45 min

18.
Jochanaan, ich bin verliebt in deinen Leib
Inge Borkh, Sopran
Metropolitan Opera Orchestra
Dirigent: Dimitri Mitropolous
Aufnahme 8.2.1958
4:36 min

———

19.
Richard Strauss
Der Rosenkavalier
Uraufführung 26.1.1911 Dresden
Hab mir's gelobt
Margarethe Siems, Eva von der Osten, Minnie Nast, Sopran
Dirigent: Eduard Künneke
(Marschallin, Octavian und Sophie der Uraufführung)
Aufnahme 1911 Odeon XX 80064
4:09 min

20.
Hab mir's gelobt
Elisabeth Schwarzkopf, Sopran
Christa Ludwig, Mezzosopran
Teresa Stich-Randall, Sopran
Philharmonia Orchestra
Dirigent: Herbert von Karajan
Aufnahme 1957
4:39 min

———

21.
Giacomo Puccini
Gianni Schicchi
Uraufführung 14.12.1918 New York
Il mio babbino caro
Florence Easton, Sopran
(Lauretta der Uraufführung)
Aufnahme 1918
2:27 min

22.
Väterchen teures, höre
Erika Köth, Sopran
Aufnahme 1955
2:22

———

Abschied

Du füllst mich an wie Blut die frische Wunde
und rinnst hernieder seine dunkle Spur,
du dehnst dich aus wie Nacht in jener Stunde,
da sich die Matte färbt zur Schattenflur,
du blühst wie Rosen schwer in Gärten allen,
du Einsamkeit aus Alter und Verlust,
du Überleben, wenn die Träume fallen,
zuviel gelitten und zuviel gewußt.

Entfremdet früh dem Wahn der Wirklichkeiten,
versagend sich der schnell gegebenen Welt,
ermüdet von dem Trug der Einzelheiten,
da keine sich dem tiefen Ich gesellt;
nun aus der Tiefe selbst, durch nichts zu rühren,
und die kein Wort und Zeichen je verrät,
mußt du dein Schweigen nehmen, Abwärtsführen
zu Nacht und Trauer und den Rosen spät.

Manchmal noch denkst du dich –: die eigene Sage –:
das warst du doch –? ach, wie du dich vergaßt!
war das dein Bild? war das nicht deine Frage,
dein Wort, dein Himmleslicht, das du besaßt?
Mein Wort, mein Himmelslicht, dereinst besessen,
mein Wort, ein Himmelslicht, zerstört, vertan –
wem das geschah, der muß sich wohl vergessen
und rührt nicht mehr die alten Stunden an.

Ein letzter Tag –: spätglühend, weite Räume,
ein Wasser führt dich zu entrücktem Ziel,
ein hohes Licht umströmt die alten Bäume
und schafft im Schatten sich ein Widerspiel,
von Früchten nichts, aus Ähren keine Krone
und auch nach Ernten hat er nicht gefragt –
er spielt sein Spiel, und fühlt sein Licht und ohne
Erinnern nieder – alles ist gesagt.

Gottfried Benn

Bleib erschütterbar und widersteh

Also heut: zum Ersten, Zweiten Letzten:
Allen Durchgedrehten, Umgehetzten,
was ich, kaum erhoben, wanken seh,
gestern an und morgen abgeschaltet:
Eh dein Kopf zum Totenkopf erkaltet:
Bleib erschütterbar – doch widersteh!

Die uns Erde, Wasser, Luft versauen
– Fortschritt marsch! mit Gas und Gottvertrauen –
Ehe sie dich einvernehmen, eh
du im Strudel bist und schon im Solde,
wartend, daß die Kotze sich vergolde:
Bleib erschütterbar – und widersteh.

Schön, wie sich die Sterblichen berühren –
Knüppel zielen schon auf Hirn und Nieren,
daß der Liebe gleich der Mut vergeh …
Wer geduckt steht, will auch andre biegen,
(Sorgen brauchst du dir nicht selber zuzufügen;
alles, was gefürchtet wird, wird wahr!)
Bleib erschütterbar.
Bleib erschütterbar – doch widersteh.

Widersteht! im Siegen Ungeübte,
zwischen Scylla hier und dort Charybde
schwankt der Wechselkurs der Odyssee …
Finsternis kommt reichlich nachgeflossen;
aber du mit – such sie dir! – Genossen!
teilst das Dunkel, und es teilt sich die Gefahr,
leicht und jäh –––
Bleib erschütterbar!
Bleib erschütterbar – und widersteh.

Peter Rühmkorf

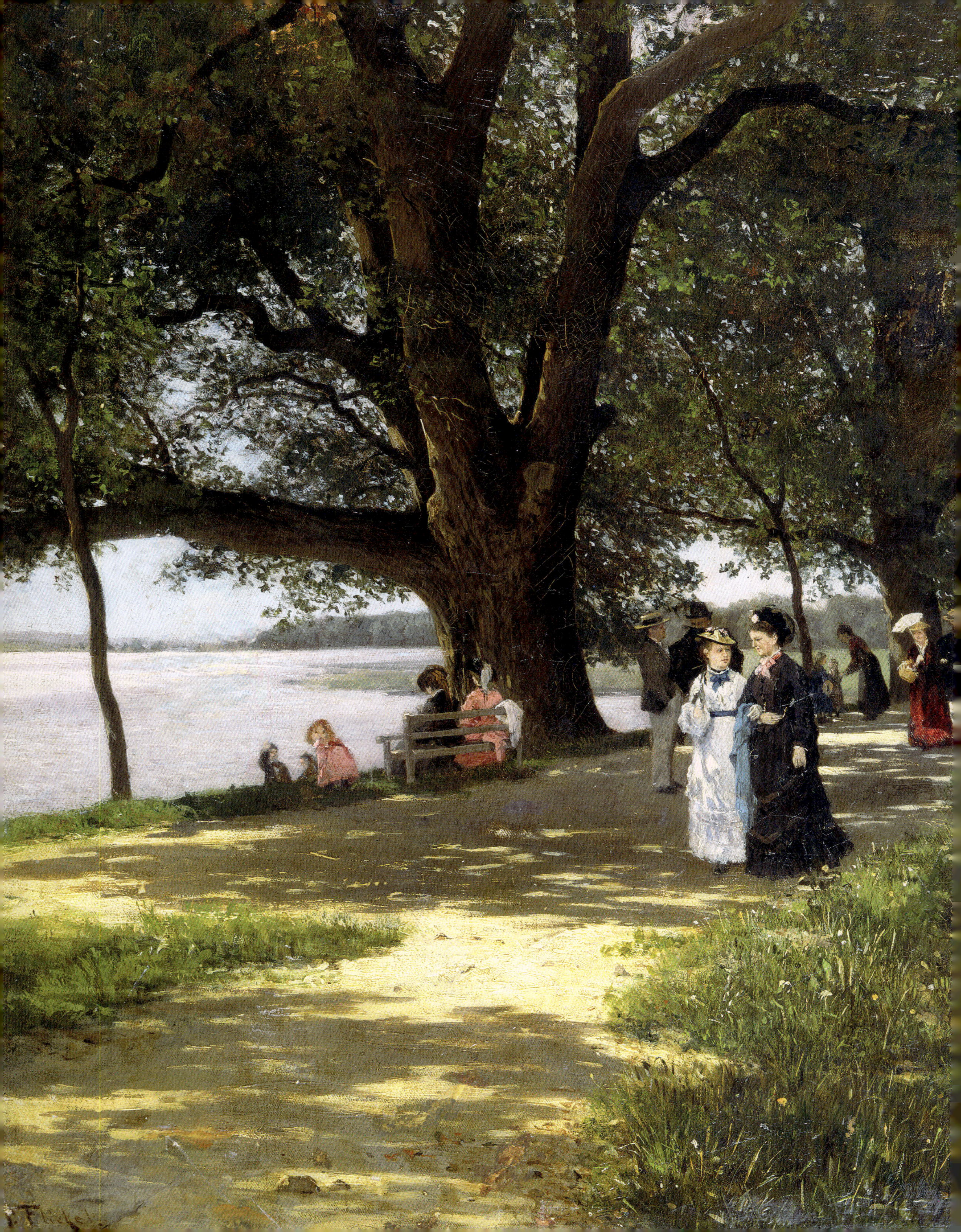

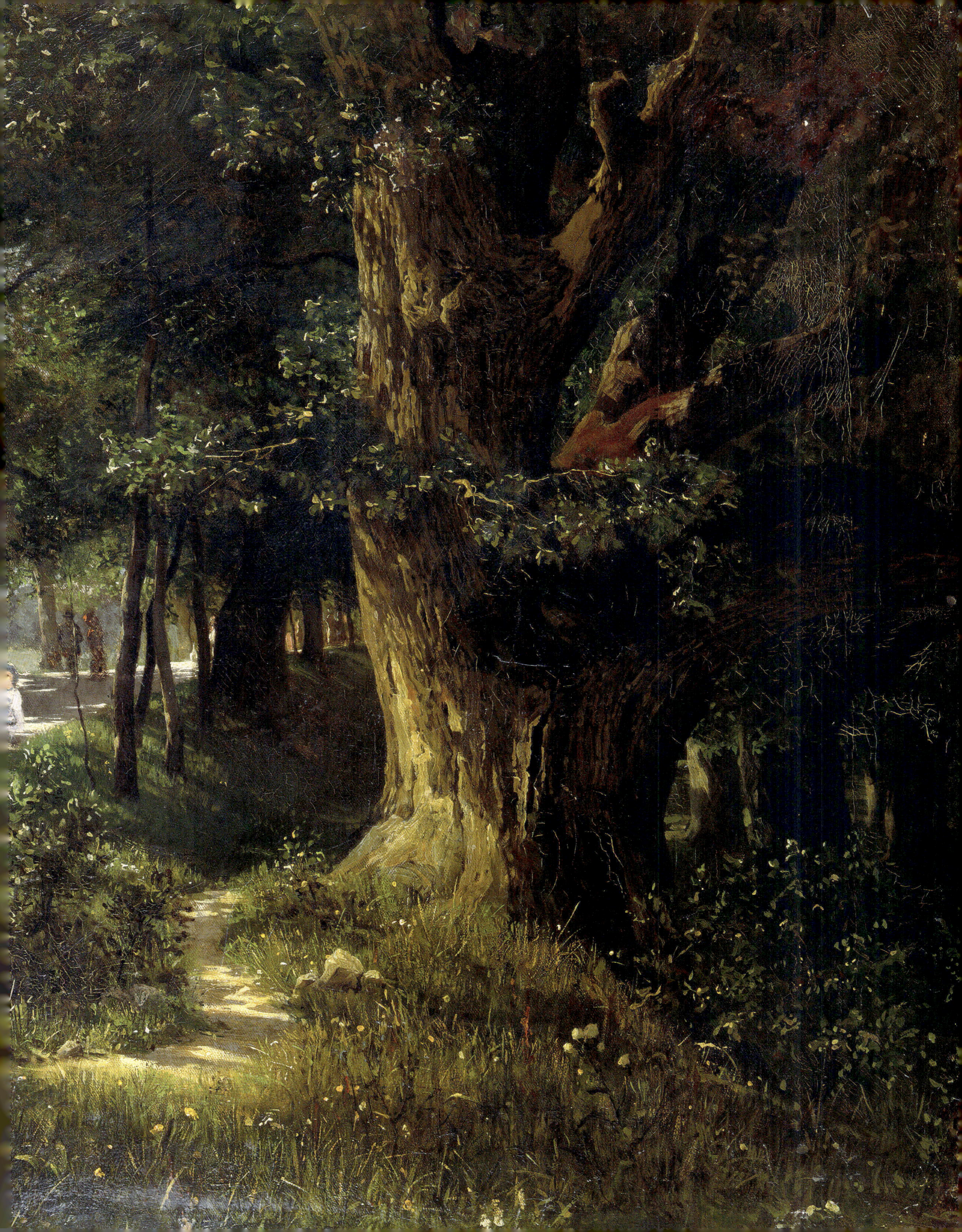

Bildnachweis

1884

1 *Permanente Kunstausstellung*
Kunstverein in Hamburg

2 *Patent-Motorwagen*
Modell, 49 x 84 x 46 cm
Deutsches Historisches Museum,
Berlin

3 *Erste elektrische Straßenbahn*
© Siemens Corporate Archives

4 *Lokomotivfabrik*
Öl auf Leinwand, 77 x 100 cm
Bayerisches Wirtschaftsarchiv,
München

5 *Carl Peters*
Koloniales Bildarchiv der
Universitätsbibliothek
Frankfurt am Main

6 *Das Kapital*
Kritik der politischen Oekonomie.
Zweiter Band. Buch II:
Der Cirkulationsprocess
des Kapitals, herausgegeben
von Friedrich Engels, Verlag
Otto Meissner, Hamburg, 1885
Deutsches Historisches Museum,
Berlin

7 *Wintergarten*
Plakatentwurf, um 1913
Steindruck / Farblithographie,
139,5 x 91 cm
Deutsches Historisches Museum,
Berlin

8 *Paul Flickel*
Stiftung Stadtmuseum Berlin,
Landesmuseum für Kultur und
Geschichte Berlins
Fotografie von
Hans-Joachim Bartsch

1889

1 *Ehepaar Beck*
um 1900
Fotografie aus Privatbesitz

2 *Chokoladenfabrik*
um 1900
© bpk

3 *Otto von Bismarck*
© bpk

4 *Arbeiter-Ausschuss*
© bpk / Jörg P. Anders

5 *Kaiser Wilhelm II. und Reichs-
kanzler von Bismarck*
Deutsches Historisches Museum,
Berlin

6 *Bertha von Suttner*
ullstein bild – Imagno

6a *Die Waffen nieder!*
Eine Lebensgeschichte
Volks-Ausgabe, Pierson Verlag
Dresden, 1901
Deutsches Historisches Museum,
Berlin

7 *Unfallverhütung*
1889
Kupferdruck, 104,5 x 77 cm
Deutsches Historisches Museum,
Berlin

7a *Unfall in einer Maschinenfabrik*
1898
Druck, 32,4 x 48 cm
Deutsches Historisches Museum,
Berlin

8 *Anton von Werner*
Stiftung Stadtmuseum Berlin,
Landesmuseum für Kultur und
Geschichte Berlins

1894

1 *Ehepaar*
Werkbundarchiv –
Museum der Dinge, Berlin
Fotografie von Armin Herrmann

2 *Dreherei*, 1895
© bpk

3 *Auswanderer*, um 1895
Museum für Hamburgische
Geschichte

4 *Die Weber*
Theaterplakat 1897
Farblithographie 75 x 107 cm
Deutsches Historisches Museum,
Berlin

5 *Lilienthal*, 1893
Archiv Otto-Lilienthal-Museum
www.lilienthal-museum.de

6 *Der Judenstaat*
Versuch einer modernen Lösung
der Judenfrage
Wien, 1896
Deutsches Historisches Museum,
Berlin

7 *Der wahre Jacob*
Ausgabe Nr. 291 vom
14. September 1897
© akg-images

8 *Fritz Gehrke*
Stiftung Stadtmuseum Berlin,
Landesmuseum für Kultur
und Geschichte Berlins
Fotografie von
Hans-Joachim Bartsch

1899

1 *Automatenblechdose*
Deutsches Historisches Museum,
Berlin

2 *Mercedes-Simplex*
Mercedes-Benz Classic
© Daimler AG

3 *Tanzschule*
© bpk

4 *AEG (Allgemeine Elektricitäts-
Gesellschaft)*
um 1900
© bpk / Georg Buxenstein Co

5 *Die Haager Friedenskonferenz*
Buchtitel, 1899
Universitäts- und Landesbibliothek
Düsseldorf

6 *Berliner Secession*
Plakatentwurf, 1900
Farblithographie / Steindruck,
71 x 94 cm
Deutsches Historisches Museum,
Berlin

7 *Simplicissimus*
Illustration von Th. Th. Heine, 1898
Jahrgang 3, Nr. 34
© VG Bild-Kunst, Bonn 2009

8 *Hans Baluschek*
Stiftung Stadtmuseum Berlin,
Landesmuseum für Kultur
und Geschichte Berlins
Fotografie von
Hans-Joachim Bartsch

1904

1 *Flohmarkt*
© Gerd Danigel

2 *Reformkleidung,* um 1900
© bpk

3 *Stufenalter der Frau*
41 x 50,5 cm
Deutsches Historisches Museum,
Berlin

4 *Dienstmädchen,* um 1905
ullstein bild

5 *Theodor Herzl*
© bpk

6 *Internationale Hygiene-Ausstellung*
Plakatentwurf, 1911
© bpk

7 *Laubsägespiel*
Werkbundarchiv –
Museum der Dinge, Berlin
Fotografie von Armin Herrmann

8 *Hans Baluschek*
Bröhan-Museum, Landesmuseum
für Jugendstil, Art Deco und
Funktionalismus (1889 – 1939),
Berlin
Fotografie von Martin Adam, Berlin

1909

1 *Max und Moritz*
60. Auflage, 1911
Wilhelm-Busch-Museum
Hannover – Deutsches Museum
für Karikatur und kritische Grafik

2 *Elektrischer Tee- und Wasserkessel*
Messing, vernickelt (innen), Rohr-
geflecht, 23 x 21 x 15,4 cm
Hersteller: Allgemeine Elektricitäts-
Gesellschaft, Berlin
Deutsches Historisches Museum,
Berlin

3 *Mensch ärgere Dich nicht*
Autor: Josef Friedrich Schmidt,
Verlag Schmidt Spiele, 1910
Werkbundarchiv –
Museum der Dinge, Berlin
Fotografie von Armin Herrmann

4 *Vorspannen der Pferde*
Museum für Hamburgische
Geschichte

5 *Zeppelin über Nürnberg*
1909
A 41-LR-365-14
Stadtarchiv Nürnberg

6 *Ausstellungsplakat KG Brücke,* 1909
Holzschnitt
© Pechstein Hamburg / Tökendorf

7 *Werbeplakat Opel*, 1911
Lithographie, 69,3 x 91 cm
Deutsches Historisches Museum,
Berlin

8 *Otto Antoine*
Deutsches Historisches Museum,
Berlin

1914

1 *Illustrirte Zeitung,* Ausgabe vom
3. Oktober 1915
Axel Springer Infopool

2 *Einheit-Seife,* um 1914
Deutsches Historisches Museum,
Berlin

3 *Generalmobilmachung*
aus: Illustrirte Zeitung, Ausgabe
vom 6. August 1914
Deutsches Historisches Museum,
Berlin

4 *Extrablatt zum Kriegsausbruch*, 1914
Landesarchiv Berlin
Bildnummer II 9632

5 *Kriegserklärung,* 31. Juli 1914
Deutsches Historisches Museum,
Berlin

6 *Augusterlebnis*
© Ulrike Damm, Berlin

7 *Kriegsanleihe*
Plakatentwurf, 1917
Lithographie 43 x 29 cm
Deutsches Historisches Museum,
Berlin
© VG Bild-Kunst, Bonn 2009

7a *Kriegsanleihen,* 1917
© bpk

8 *Moriz Melzer*
Sammlung Gerhard Schneider
Olpe und Solingen

1919

1 *Hochzeitsfoto*
ohne Signatur, 1921
Stadtarchiv Nürnberg

2 *Esbe-Speise*
Samuel Breslauer, Fabrik chem.
Produkte und Lebensmittel
um 1917, Karton: 5,5 x 8 x 2 cm
Deutsches Historisches Museum,
Berlin

3 *Feldpost,* um 1915
ullstein bild

4 *Produktion von Granaten bei der
Fa. Hasse & Co, Berlin*
um 1917
ullstein bild / Haeckel

5 *Ausrufung der Republik*
Deutsches Historisches Museum,
Berlin

6 *Staatliches Bauhaus Weimar,*
Einband Steindruck, rot und blau
auf schwarz von Herbert Bayer
24,7 x 24,7 cm
bpk / Klaus G. Beyer
© VG Bild-Kunst, Bonn 2009

7 *Blechdosen*
Werkbundarchiv –
Museum der Dinge, Berlin
Fotografie von Armin Herrmann

8 *Erich Büttner*
Stiftung Stadtmuseum Berlin,
Landesmuseum für Kultur und
Geschichte Berlins

1924

1 *Am Strand,* um 1925
Snapshot Archiv Christian Skrein,
St. Gilgen

2 *Fahne*
Seidenrips, bestickt, appliziert,
117 x 120 cm (ohne Fransen)
SPD-Ortsverein Neustadt / Aisch

3 *Hauseingänge,* um 1925
Landesarchiv Berlin
Bildnummer 123 121

4 *Bankboten,* 1923
© Agentur für Bilder zur
Zeitgeschichte

5 *Stresemann,* 9. Oktober 1926
Deutsches Historisches Museum,
Berlin

6 *Simplicissimus*
Jahrgang 28, Nr. 36
Illustration, 1923
© VG Bild-Kunst, Bonn 2009

6a *Mitteldeutscher Jugendtag*
Lithographie, 93,5 x 71 cm
Deutsches Historisches Museum
© VG Bild-Kunst, Bonn 2009

7 *Reklame,* 1924
ullstein bild

8 *Hannah Höch*
Berlinische Galerie, Landesmuseum
für Moderne Kunst, Fotografie und
Architektur
© VG Bild-Kunst, Bonn 2009

1929

1 *Karl Valentin und Liesl Karlstadt,*
   1928
   Theaterwissenschaftliche
   Sammlung Schloss Wahn,
   Universität zu Köln
   © Anneliese Kühn c/o Rechtsanwalt
   Gunter Fette

2 *Werbepostkarten AEG*
   Edmonde Guy mit dem AEG Vampyr,
   um 1929
   Ilse Baumann mit dem
   AEG Plätteisen, um 1925
   Ilona Karolewna am
   AEG Kühlschrank, um 1925
   Karton, Farboffset, 14,7 x 10,4 cm
   Deutsches Historisches Museum,
   Berlin

3 *Privates Fotoalbum*
   Werkbundarchiv –
   Museum der Dinge, Berlin
   Fotografie von Armin Herrmann

4 *Privates Fotoalbum*
   Werkbundarchiv –
   Museum der Dinge, Berlin
   Fotografie von Armin Herrmann

5 *Wollt Ihr wieder fallen*
   Grafik von John Heartfield, 1932
   in: Arbeiter Illustrierte Zeitung
   (AIZ), Jg. XI, Nr. 35, Berlin,
   28. August 1932
   Kupfertiefdruck, 38 x 28 cm
   Akademie der Künste, Berlin,
   Kunstsammlung
   Inv.-Nr.: Heartfield 23
   Fotografie von Markus Hawlik
   © The Heartfield Community of
   Heirs / VG Bild-Kunst, Bonn 2009

6 *Im Westen nichts Neues*
   Propyläen, Berlin, 1929
   Fotografie von H.-P. Haack

7 *Fertigkleidung,* um 1929
   Offsetdruck, 119,5 x 83,5 cm
   Deutsches Historisches Museum,
   Berlin

8 *Karl Hofer*
   Sammlung Deutsche Bank
   © VG Bild-Kunst, Bonn 2009

1934

1 *Privates Fotoalbum*
   Werkbundarchiv –
   Museum der Dinge, Berlin
   Fotografie von Armin Herrmann

2 *Schließungsverfügung*
   Mai / Juni 1933
   © bpk

3 *Privates Fotoalbum*
   Werkbundarchiv –
   Museum der Dinge, Berlin
   Fotografie von Armin Herrmann

4 *Aufruf zum Boykott*
   Landesarchiv Berlin
   Bildnummer 38 041

5 *Zeppelin,* 1936
   Archiv Berliner Geschichte
   www.potsdamer-platz.org

6 *Das Deutsche Reich ist eine Republik*
   aus: Simplicissimus, Jahrgang 37,
   Nr. 50
   Illustration, 1933
   © VG Bild-Kunst, Bonn 2009

6a *Deutsche Werbung für
   deutsche Arbeit!*
   Plakatentwurf, 1933
   Deutsches Historisches Museum,
   Berlin

7 *Luftwerbung*
   Konzernarchiv Henkel

8 *Oscar Zügel*
   Sammlung Gerhard Schneider,
   Olpe und Solingen
   © Katia Zügel, Oscar Zügel Archiv
   Balingen

1939

1 *Privates Fotoalbum*
   Werkbundarchiv –
   Museum der Dinge, Berlin
   Fotografie von Armin Herrmann

2 *Privates Fotoalbum*
   Werkbundarchiv –
   Museum der Dinge, Berlin
   Fotografie von Armin Herrmann

3 *KdF-Reiseführer*
   herausgegeben von der NS-
   Gemeinschaft Kraft durch Freude,
   Hamburg, 1937
   21 x 19,9 cm
   Deutsches Historisches Museum,
   Berlin

4 *Privates Fotoalbum*
   Werkbundarchiv –
   Museum der Dinge, Berlin
   Fotografie von Armin Herrmann

5 *Brand der Alten Synagoge*
   © Stadtbildstelle Essen

6 *Antisemitisches Propagandaplakat
   um 1935*
   Deutsches Historisches Museum,
   Berlin

6a *Erbgut*
   aus: Die Metropole, Herausgeber:
   Hermann Glaser,
   Verlag C. H. Beck, Seite 275
   Jakob Graf, Biologie für Oberschule
   und Gymnasium, 3. Band, Berlin

7 *Aufruf zum Wehreinsatz*
   © bpk / Hilmar Pabel

8 *Georg Netzband*
   Sammlung Gerhard Schneider,
   Kunstmuseum Baden
   © VG Bild-Kunst, Bonn 2009

1944

1 *Adolf Hitler und Eva Braun*
Deutsches Historisches Museum,
Berlin

2 *Spielzeug*
Werkbundarchiv –
Museum der Dinge, Berlin
Fotografie von Armin Herrmann

3 *Berlin im Mai 1945*
Silbergelatinepapier,
39,7 x 58,2 cm
© Berlinische Galerie,
Landesmuseum für Moderne Kunst,
Fotografie und Architektur

4 *Mauthausen*
picture-alliance / dpa

4a *Nürnberger Prozesse*
Bundesarchiv, Bild 183-V01057-3
Fotografie ohne Angabe

5 *Attentat am 20. Juni 1944*
Deutsches Historisches Museum,
Berlin

6 *Sportpalastrede*
Völkischer Beobachter, Ausgabe
vom 19. Februar 1943
Franz Eher Nachf. GmbH, Berlin
Deutsches Historisches Museum,
Berlin

7 *Wahlplakate*
Fotografie von Axel Thünker
Haus der Geschichte, Bonn

8 *Adolf Ziegler*
Deutsches Historisches Museum,
Berlin
Standort: Germanisches
Nationalmuseum

9 *Klaus Richter*
Öl auf Pappe, 52 x 40,5 cm
Stiftung Stadtmuseum Berlin,
Landesmuseum für Kultur und
Geschichte Berlins
Fotografie von
Hans-Joachim Bartsch

1949

1 *Heimkehrer*
© Hannes Kilian

2 *CARE-Paket,* um 1947
Fotografie von Axel Thünker
Haus der Geschichte, Bonn

3 *Dazu brauchte Hitler 12 Jahre Zeit*
SLUB Dresden / Deutsche Fotothek,
Fritz Eschen

4 *Währungsreform*
© Ike Rosen

5 *Rosinenbomber,* 5. Juli 1948
Landesarchiv Berlin
Bildnummer 111 180

5a *Geteilte Stadt,* 1948
aus: 50 Jahre im Bild, Years in
Pictures, Könemann Verlag,
Hrsg. Daniel Kosthorst,
Ulrich Lappenküper, 1999
Seite 38

6 *Grundgesetz für die Bundesrepublik
Deutschland*
Verlag Butzon & Bercker, 1949
Deutsches Historisches Museum,
Berlin

*Verfassung der Deutschen
Demokratischen Republik*
7. Oktober 1949
Kongress-Verlag GmbH –
Verlag der nationalen Front
des demokratischen Deutschland
Stiftung Haus der Geschichte, Zeit-
geschichtliches Forum Leipzig

7 *Die Mutter*
© The Heartfield Community of
Heirs / VG Bild-Kunst, Bonn 2009

8 *Karl Hofer*
Standort: Stiftung Stadtmuseum
Berlin,
Landesmuseum für Kultur und
Geschichte Berlins
Dauerleihgabe der Losito
Kressmann-Zschach Foundation
© VG Bild-Kunst, Bonn 2009

1954

1 *Feierabend,* 1955
Fotoarchiv Jupp Darchinger
im AdsD der FES

2 *Nierentisch,* um 1955
© bpk / Willi Moegle

3 *... das Geschäftsleben
kommt langsam in Gang*
Berlinische Galerie, Landesmuseum
für Moderne Kunst,
Fotografie und Architektur
© VG Bild-Kunst, Bonn 2009

3a *Eisenacher Straße in Berlin 1954*
Berlinische Galerie, Landesmuseum
für Moderne Kunst,
Fotografie und Architektur
© VG Bild-Kunst, Bonn 2009

4 *Aufstand des 17. Juni*
Bundesbildstelle, Bild 203065
Fotografie von Perlia-Archiv

5 *Nato-Beitritt*
Bundesarchiv,
Bild 183-27107-0001
Fotografie von Walter Hallstein

5a *Das Wunder von Bern*
4. Juli 1954
picture-alliance / dpa / dpaweb

6 *Wiederaufbau*
DDR, 1950er Jahre
Druck, 84 x 59 cm
Deutsches Historisches Museum,
Berlin

Erhard hält, was er verspricht
Plakat, herausgegeben von
Die Waage e. V., Köln, 1957
Druck, 118,7 x 85,6 cm
Haus der Geschichte, Bonn

7 *Die Kurorte gehören den Werktätigen*
Werbeplakat des Ferien-
dienstes des Freien Deutschen
Gewerkschaftsbundes (FDGB), 1954
Druck, 58,6 x 41,6 cm
Deutsches Historisches Museum,
Berlin

7a *TOUROPA Fernexpress*
München 1954
Farboffset, 83,9 x 59,5 cm
Deutsches Historisches Museum,
Berlin

8 *Werner Heldt*
Berlinische Galerie, Landesmuseum
für Moderne Kunst, Fotografie
und Architektur
© VG Bild-Kunst, Bonn 2009

1959

1 *Privates Fotoalbum*
Werkbundarchiv –
Museum der Dinge, Berlin
Fotografie von Armin Herrmann

2 *Privates Fotoalbum*
Werkbundarchiv –
Museum der Dinge, Berlin
Fotografie von Armin Herrmann

3 *Stammtischrunde,* 1960
Kaffeekränzchen, 1950
Fotografien von
Josef Heinrich Darchinger
Fotoarchiv Jupp Darchinger
im AdsD der FES

4 *Auch morgen in Freiheit*
Herausgeber: CDU-Bundes-
geschäftsstelle, Bonn, 1961
Druck 118,7 x 83,9 cm
Haus der Geschichte, Bonn
Konrad-Adenauer-Stiftung e.V.,
Archiv für Christlich-Demokratische
Politik, Plakatsammlung

4a *Bitterfeld*
Bundesarchiv,
Bild 183-85869-0001
Fotografie von Walter Nosk

5 *Privatisierung der Preussag*
picture-alliance/dpa

6 *10 Jahre DDR*
Plakatentwurf, 1959
Haus der Geschichte, Bonn

6a *Keine Experimente! Konrad Adenauer*
CDU-Wahlplakat, 1957
Haus der Geschichte, Bonn

7 *Anzeige für Lux-Geschirrspülmittel,*
1959
© bpk

8 *Hans Laabs*
Berliner Volksbank
© VG Bild-Kunst, Bonn 2009
Fotografie von
Jörg von Bruchhausen

9 *Gerhard Altenbourg*
Berliner Volksbank
Fotografie von Peter Adamik

1964

1 *Kilius/Bäumler*
ullstein bild – AP

2 *Einkauf*
Fotoarchiv Jupp Darchinger im
AdsD der FES

3 *Privates Fotoalbum*
Werkbundarchiv –
Museum der Dinge, Berlin
Fotografie von Armin Herrmann

4 *Wartburg 353*
© bpk/Jochen Moll

5 *Einreise von West- nach Ost-Berlin*
1964
Bundesarchiv,
Bild 183-C1031-0044-005
Fotografie von Rudolf Hesse

6 *Die Wirtschaft braucht die Frau*
Plakat, Bundesrepublik Deutschland, um 1962
herausgegeben vom Ketteler-Verlag
der Katholischen Arbeitnehmer-
Bewegung Deutschlands
Haus der Geschichte, Bonn
Ketteler-Verlag der KAB Deutschlands

6a *Nelly Sachs,* um 1965
ullstein bild – dpa

7 *Simplicissimus,* 1. September 1962
bpk/SBB/Dietmar Katz
© Manfred Oesterle

8 *Wolfgang Petrick*
Berliner Volksbank
Fotografie von Peter Adamik

1969

1 *Gastarbeiter,* 1971
aus: 50 Jahre im Bild, Years
in Pictures, Könemann Verlag,
Hrsg. Daniel Kosthortst,
Ulrich Lappenküper, 1999,
Seite 327

2 *Andreas Baaders Schreibmaschine*
Fotografie von Axel Thünker
Haus der Geschichte, Bonn

3 *Neue Wohnungen,* 1960
Fotoarchiv Jupp Darchinger im
AdsD der FES

4 *Robotron-Computer*
DDR, 1970
© bpk/Edelgard Rehboldt

4a *Angestellte am Computer*
BRD, 1970
ullstein bild – Rogge

5 *Attentat auf Rudi Dutschke*
AP

6 *BILD 21. Juli 1969*
Axel Springer Infopool

6a *Sputnik/Mondlandung*
picture-alliance/dpa

7 *Olympische Sommerspiele 1972*
Deutsches Historisches Museum,
Berlin

8 *Harald Duwe*
Haus der Geschichte, Bonn
© VG Bild-Kunst, Bonn 2009

1974

1 *Willy Brandt und Golda Meir 1973*
  Bundesbildstelle, Bild 4242
  Fotografie von Lothar Schaack

2 *Jugendliche*
  © Gerd Danigel

3 *Plattenbau*
  © bpk / Jochen Moll

4 *Helmut Schmidt in seinem Arbeitszimmer,* 1976
  Bundesarchiv, B 145 Bild-F048807-0026
  Fotografie von Ulrich Wienke

5 *Erich Honecker und Helmut Schmidt*
  1. August 1975
  Bundesbildstelle, Bild 9688
  Fotografie von Engelbert Reineke

6 *Heinrich Böll*
  picture-alliance / dpa

7 *Heimbs-Produktpalette*
  © Heimbs Kaffee GmbH & Co. KG

8 *Bernhard Heisig*
  Berliner Volksbank
  Fotografie von Peter Adamik
  © VG Bild-Kunst, Bonn 2009

1979

1 *Das Frühstücksei*
  © Loriot

2 *Klingelschilder*
  © Gerd Danigel

3 *Unkonventionelle Familie*
  © bpk / Abisag Tüllmann

4 *Tankstelle,* um 1980
  ullstein bild – Schneider

5 *Polizeikette in Güstrow,*
  13. Dezember 1981
  Bundesbildstelle,
  B 145 Bild-00100468
  Fotografie von Klaus Lehnartz

6 *Titel des Spiegel, Ausgabe 43/1977*
  SPIEGEL-Verlag Rudolf Augstein
  GmbH & Co. KG

7 *Plakat von Klaus Staeck, 1980*
  © VG Bild-Kunst, Bonn 2009

8 *Konrad Klapheck*
  WGZ BANK Düsseldorf
  © VG Bild-Kunst, Bonn 2009

1984

1 *Totentanz*
  © Volker Pfüller

2 *Schaufenster,* 1980er Jahre
  © Gerd Danigel

3 *Frieden ernst nehmen –*
  Jetzt abrüsten.
  DIE GRÜNEN, Stuttgart, 1983
  Druck 84,3 x 59,7 cm
  Haus der Geschichte, Bonn
  © BÜNDNIS 90 / DIE GRÜNEN
  Baden-Württemberg

3a *grenzfall,* Berlin, 1989
  Herausgeber: Ralf Hirsch,
  Lew Kopelew
  Haus der Geschichte, Bonn
  © Ralf Hirsch

4 *Mitglieder der Initiative für Frieden und Menschenrechte*
  Ost-Berlin, um 1986
  © Ulrike Poppe

5 *Misstrauensvotum*
  Bundesbildstelle,
  B 145 Bild-00045996
  Fotografie von Ludwig Wegmann

6 *Die Umsiedlerin*
  Offsetdruck, 54 x 85 cm
  Deutsches Historisches Museum,
  Berlin

7 *SPD-Wahlplakat*
  Plakatentwurf: ohne Angabe, 1983
  Bundesarchiv, Plak 007-004-013
  Grafiker: GGK

8 *Wolfgang Mattheuer*
  Berliner Volksbank
  Fotografie von Peter Adamik
  © VG Bild-Kunst, Bonn 2009

1989

1 *Plakatwand*
© Gerd Danigel

2 *Schrotthalde in den Alpen*
1988
© bpk / Günter Zint

3 *Wilhelmstraße*, 1989
© Gerd Danigel

4 *Begrüßungsgeld,* November 1989
© picture-alliance / Sven Simon

5 *Mauerfall*
© Gerd Danigel

6 *Kohl mit Füllhorn*
© Erich Sokol Privatstiftung

7 *Bernauer Straße*
© Gerd Danigel

8 *Heinrich Tessmer*
Berliner Volksbank
Fotografie von Peter Adamik

1994

1 *Da lacht die Galaxis*
© VG Bild-Kunst, Bonn 2009

2 *Michael Schumacher*
Modell Paradies
www.artcraftmodel.com

3 *Europäische Währungsunion*
© Horst Haitzinger

4 *Plakat von Klaus Staeck, 1992*
© VG Bild-Kunst, Bonn 2009

5 *Verabschiedung der westlichen Alliierten*
picture-alliance / ZB

6 *Häuserwand*
© Gerd Danigel

7 *Kampagne*
Springer & Jacoby
© Daimler AG

8 *Ulrich Baehr*
© VG Bild-Kunst, Bonn 2009

1999

1 *Gerhard Schröder und Joschka Fischer*
AP

2 *Love Parade*
picture-alliance / Berlin_Picture_Gate4

3 *Spielzeug*
© Gerd Danigel

4 *Arbeitsamt*
picture-alliance / ZB

5 *Günter Grass*, 1989
© Joseph Gallus Rittenberg

6 *Titel des Spiegel, Ausgabe 45 / 1998*
SPIEGEL-Verlag Rudolf Augstein
GmbH & Co. KG

7 *Ampelmännchen*
http://de.wikipedia.org
http://creativecommons.org/licenses/by-sa/3.0

8 *Wolfram Odin*
WGZ BANK Düsseldorf
© VG Bild-Kunst, Bonn 2009

2004

1. *Gerhard Schröder und Vladimir Putin,* 2002
   Bundesbildstelle,
   B 145 Bild-00003964
   Fotografie von Bernd Kühler

2. *DDR und BRD*
   © Gerd Danigel

3. *Senioren-Web-Café*
   picture-alliance/ZB

4. *Arbeitsamt*
   Fotografie von Gerd Danigel
   © Gerd Danigel

4a. *Willkommen in der Hartz-4-Welt*
   © Henning Onken

5. *Fußballweltmeisterschaft*
   © Gerd Danigel

6. *Internationale Tourismusbörse*
   © Gerd Danigel

7. *Titel des Spiegel 13/2003*
   SPIEGEL-Verlag Rudolf Augstein GmbH & Co. KG

8. *Esther Horn*
   © Esther Horn

2009

1. *Barack Obama und Michelle Obama*
   www.flickr.com/photos/lukevargas

2. *Spielzeug*
   © Gerd Danigel

3. *Sommertag*
   © Gerd Danigel

4. *Titel des Spiegel, Ausgabe 24/2009*
   SPIEGEL-Verlag Rudolf Augstein GmbH & Co. KG

5. *Einsturz des Kölner Stadtarchivs*
   Raimond Spekking/Wikipedia
   Creative Commons Attribution-ShareAlike 3.0
   http://creativecommons.org/licenses/by-sa/3.0

6. *Fußgängertunnel*
   © Gerd Danigel

7. *Straßenstand*
   © Gerd Danigel

8. *Ursula Hentschläger und Zelko Wiener*
   © Ursula Hentschläger & Boris und Gregor Grkinic

Umschlag

Ursula Hentschläger und Zelko Wiener
© Ursula Hentschläger & Boris und Gregor Grkinic

Otto Lilienthal
Fotografie von Ottomar Anschütz
Archiv Otto-Lilienthal-Museum/
www.lilienthal-museum.de

Seite 5

Kaffeekränzchen
Fotografie von
Josef Heinrich Darchinger, 1950
Fotoarchiv Jupp Darchinger
im AdsD der FES

Seiten 138/139

Historische Postkarte

Seiten 144/145

Paul Flickel
Stiftung Stadtmuseum Berlin,
Landesmuseum für Kultur
und Geschichte Berlins
Fotografie von Hans-Joachim Bartsch

Seite 167

Stammtischrunde
Fotografie von
Josef Heinrich Darchinger, 1960
Fotoarchiv Jupp Darchinger
im AdsD der FES

Nicht in allen Fällen ist es uns gelungen, die Bildnachweise zu ermitteln und die Genehmigung für den Abdruck einzuholen. Wir bitten die Urheberrechtsinhaber, sich gegebenenfalls mit dem Damm und Lindlar Verlag in Verbindung zu setzen.

Personenregister

1884
1 **Hans von Bartels** (1856 Hamburg – 1913 München), Maler.
2 **Carl Benz** (1844 Mühlburg – 1929 Ladenburg), Erfinder des Automobils.
4 **Friedrich Perlberg** (1848 Nürnberg – 1921 München), Maler.
5 **Carl Peters** (1856 Neuhaus/Elbe – 1918 Bad Harzburg), Politiker, Publizist, Kolonialist und Afrikaforscher.
6 **Karl Marx** (1818 Trier – 1883 London), Philosoph, politischer Journalist. Theoretiker des Sozialismus und Kommunismus.
Friedrich Engels (1820 in Barmen/heute Wuppertal – 1895 London), deutscher Politiker, Unternehmer, Philosoph und Historiker.
8 **Paul Flickel** (1852 Berlin – 1903 Nervi/Italien), Maler.

1889
3 **Otto von Bismarck** (1815 Schönhausen – 1898 Friedrichsruh bei Hamburg), 1871 bis 1890 Reichskanzler des Deutschen Reiches.
4 **Emil Schwabe** (1856 Zielenzig/Brandenburg – 1924 Zielenzig), Maler.
5 **Wilhelm II.** (1859 Berlin – 1941 Doorn/Niederlande), Deutscher Kaiser 1888 – 1918.
6 **Bertha von Suttner** (1843 Prag/Österreich-Ungarn, heute Tschechische Rupublik – 1914 Wien), Schriftstellerin, prominente Vertreterin der Friedensbewegung. Friedensnobelpreis 1905.
7 **Emil Döppler** (1855 Berlin – 1922 München), Maler, Gebrauchsgrafiker, Heraldiker.
8 **Anton von Werner** (1843 Frankfurt/Oder – 1915 Berlin), Maler.

1894
1 **Gerhart Hauptmann** (1862 Ober Salzbrunn/Schlesien, heute Szczawno Zdrój/Polen – 1946 Jagniątków/Polen), Dichter. Nobelpreis für Literatur 1912.
5 **Ottomar Anschütz** (1846 Polnisch Lissa/Provinz Posen, heute Leszno/Polen – 1907 Berlin), Fotograf, Pionier der Fototechnik.
Otto Lilienthal (1848 Anklam – 1896 Berlin), Luftfahrtpionier. Führte Gleitflüge mit einem Hängegleiter durch, starb nach dem Absturz mit einem seiner Flugapparate.
6 **Theodor Herzl** (1860 Budapest/Österreich-Ungarn, heute Ungarn – 1904 Edlach/Österreich), österreichischer Schriftsteller, Publizist und Journalist. Begründer des modernen politischen Zionismus.
8 **Fritz Gehrke** (1855 Wodsthentin, heute Kamień Krajeński/Polen – 1916 Berlin), Maler und Zeichner.

1899
1 **Auguste Victoria** (1858 Dolzig/Niederlausitz – 1921 Doorn/Niederlande), deutsche Kaiserin 1888 – 1918.
6 **Walter Leistikow** (1865 Bromberg/Westpreußen, heute Bydgoszcz/Polen – 1908 Berlin), Maler.
Wilhelm Schulz (1865 Lüneburg – 1952 München) Grafiker, Illustrator.
7 **Thomas Theodor Heine** (1867 Leipzig – 1948 Stockholm), Maler, Zeichner und Schriftsteller.
8 **Hans Baluschek** (1870 Breslau/Schlesien, heute Wrocław/Polen – 1935 Berlin), Maler, Grafiker und Schriftsteller.

1904
1 **Gerd Danigel** (1959 Berlin), Fotograf.
6 **Franz von Stuck** (1863 Tettenweis/Niederbayern – 1928 München), Maler und Bildhauer.

1909
1 **Wilhelm Busch** (1832 Wiedensahl bei Stadthagen – 1908 Mechtshausen/Harz), Zeichner, Maler und einflussreichster humoristischer Dichter Deutschlands.
2 **Peter Behrens** (1868 Hamburg – 1940 Berlin), Architekt, Maler, Designer und Typograf. Führender Vertreter des modernen Industriedesigns. Erfinder des Firmenerscheinungsbildes (Corporate Design).
3 **Josef Friedrich Schmidt** (1871 Amberg – 1948 München), entwickelte 1907/1908 das Gesellschaftsspiel „Mensch ärgere Dich nicht".
6 **Ernst Ludwig Kirchner** (1880 Aschaffenburg – 1938 Frauenkirch-Wildboden bei Davos/Schweiz), Maler und Grafiker. Vertreter des Expressionismus, Gründungsmitglied der Künstlergemeinschaft „Brücke", als „entarteter" Künstler in der NS-Zeit verboten, starb durch Suizid.
Fritz Bleyl (1880 Zwickau – 1966 Bad Iburg), Architekt und Maler. Vertreter des Expressionismus.
Erich Heckel (1883 Döbeln – 1970 Radolfzell/Bodensee), Maler und Grafiker. Vertreter des Expressionismus, Mitbegründer der Künstlergemeinschaft „Brücke". Ab 1937 Ausstellungsverbot, 1939 Verbrennung von über 1000 Gemälden und ca. 4000 Aquarellen und Grafiken Heckels.
Karl Schmidt-Rottluff (1884 Chemnitz-Rottluff – 1976 Berlin), Maler und Grafiker. Vertreter des Expressionismus, Mitbegründer der „Brücke". Ab 1937 wurden Schmidt-Rottluffs Werke als „entartete Kunst" aus den Museen entfernt.
7 **Hans Rudi Erdt** (1883 Benediktbeuern – 1925 Berlin), Lithograf und Gebrauchsgrafiker. Zählt zu den bedeutendsten Vertretern der deutschen Plakatkunst zwischen 1906 und 1918.
8 **Otto Antoine** (1865 Koblenz – 1951 Unteruhldingen), Maler.

1914
3 **Felix Schwormstädt** (1870 Hamburg – 1938 Locarno, Schweiz) Zeichner und Illustrator.
4 **Rudolf Mosse** (1843 Grätz, heute Grodzisk Wielkopolski/Polen – 1920 Schenkendorf), Berliner Unternehmer und Verleger, gründete 1872 das Berliner Tageblatt.
7 **Lucian Bernhard**, geboren als Emil Kahn (1883 Cannstatt bei Stuttgart – 1972 New York/USA), Grafiker und Designer, Vertreter der Neuen Sachlichkeit.
8 **Moriz Melzer** (1877 Albendorf/Böhmen, heute Wambierzyce/Polen – 1966 Berlin). Maler, Vertreter des Expressionismus. Galt in der NS-Zeit als „entartet".

1919
4 **Otto Haeckel** (1873 Sprottau/Schlesien, heute Szprotawa/Polen – 1945 Berlin), gehörte um 1900 mit seinem Bruder Georg (1873–1943) zu den bekanntesten Pressefotografen Berlins.
5 **Philipp Scheidemann** (1865 Kassel – 1939 Kopenhagen), Publizist und sozialdemokratischer Politiker, 1919 Reichsministerpräsident der Weimarer Republik. 1933 Flucht aus Deutschland.
6 **Walter Gropius** (1883 Berlin – 1969 Boston/USA), Architekt. Vertreter der Neuen Sachlichkeit, gründete 1919 in Weimar die Kunstschule Staatliches Bauhaus.
Herbert Bayer (1900 Haag am Hausruck, Österreich – 1985 Montecito/USA), Fotograf, Grafikdesigner, Typograf, Ausstellungsarchitekt, Maler und Lehrer am Bauhaus in Dessau.
8 **Erich Büttner** (1889 Berlin – 1936 Freiburg), Maler. Vertreter des Expressionismus und der Berliner Sezession.
Max Herrmann-Neiße (1886 Neiße/Oberschlesien, heute Nysa/Polen – 1941 London), Schriftsteller.

1924
4 **Willy Römer** (1887 Berlin – 1979 Berlin), Pressefotograf. Seine Bildagentur gehörte zu den zehn wichtigsten der Weimarer Zeit. Die Bilder illustrieren hauptsächlich das Leben im Berlin der Jahre von 1905 bis 1935.
5 **Gustav Stresemann** (1878 Berlin – 1929 Berlin), Politiker, 1923 Reichskanzler, 1923 bis 1929 Außenminister der Weimarer Republik. Friedensnobelpreis 1926.
Aristide Briand (1862 Nantes/Frankreich – 1932 Paris), französischer Politiker. 1909 bis 1932 Ministerpräsident Frankreichs. Friedensnobelpreis 1926 zusammen mit Gustav Stresemann.
6 **Adolf Hitler** (1889 Braunau am Inn/Österreich – 1945 Berlin), Politiker und Diktator. Ab 1921 Parteichef der NSDAP, ab 1933 Reichskanzler und von 1934 bis zu seinem Suizid als „Führer" Regierungschef und Staatsoberhaupt des Deutschen Reiches.
Karl Arnold (1883 Neustadt bei Coburg – 1953 München), Zeichner, Karikaturist und Maler.
6a **Käthe Kollwitz** (1867 Königsberg/Ostpreußen, heute Kaliningrad/Russland – 1945 Moritzburg bei Dresden), Malerin, Lithografin und Bildhauerin.
8 **Hannah Höch** (1889 Gotha – 1978 Berlin), Fotomontage- und Collagekünstlerin, Vertreterin des Dadaismus.

1929
1 **Karl Valentin** (1882 München – 1948 Planegg bei München), bayerischer Komiker, Kabarettist, Autor und Filmproduzent.
Liesl Karlstadt (1892 München – 1960 Garmisch-Partenkirchen), Schauspielerin und Kabarettistin. Bildete gemeinsam mit Karl Valentin eines der namhaftesten deutschen Komikerduos im 20. Jahrhundert.
5 **John Heartfield**, geboren als Helmut Herzfeld (1891 Berlin – 1968 Ost-Berlin), Maler, Grafiker, Fotomontagekünstler, gilt als Erfinder der politischen Fotomontage.
6 **Erich Maria Remarque**, geboren als Erich Paul Remark (1898 Osnabrück – 1970 Locarno), Schriftsteller.
8 **Karl Hofer** (1878 Karlsruhe – 1955 Berlin), Maler, Vertreter des Expressionismus bzw. des expressiven Realismus.

1934
6 **Willi Petzold** (1885 Dresden – 1978 Dresden), Maler, Gebrauchsgrafiker. Zählt zu den wichtigsten deutschen Plakatkünstlern der 1930er Jahre.
7 **Heinrich Luitpold Himmler** (1900 München – 1945 Lüneburg), während des Zweiten Weltkrieges Reichsführer-SS, 1943 bis 1945 Reichsinnenminister. Hauptverantwortlicher für den Holocaust an den europäischen Juden, Sinti und Roma sowie für zahlreiche weitere Kriegsverbrechen der Waffen-SS.
8 **Oscar Zügel** (1882 Murrhardt – 1965 Tossa de Mar/Spanien), Maler.

1939
7 **Hilmar Pabel** (1910 Rawitsch/Provinz Posen, heute Rawicz/Polen – 2000 Rimsting am Chiemsee), Journalist, Fotograf.
8 **Georg Netzband** (1900 Berlin – 1984 Lindenberg/Allgäu), Maler.

1944
1 **Eva Braun** (1912 München – 1945 Berlin), heimliche Geliebte und für einen Tag Ehefrau von Adolf Hitler.
3 **Georgij Petrussow** (1903 Rostow/ Russland – 1971 Moskau), Bildjournalist.
4a **Karl Dönitz** (1891 Berlin – 1980 Hamburg), deutscher Marineoffizier, ab 1943 Oberbefehlshaber der deutschen Kriegsmarine. Im Nürnberger Prozess zu zehn Jahren Haft verurteilt.
Erich Raeder (1876 Wandsbek, heute Hamburg – 1960 Kiel), deutscher Marineoffizier, 1928 bis 1943 Oberbefehlshaber der Reichs- bzw. Kriegsmarine. Im Nürnberger Prozess zu lebenslanger Haft verurteilt.
Baldur von Schirach (1907 Berlin – 1974 Kröv/Rheinland-Pfalz), Politiker der NSDAP, Reichsjugendführer. Im Nürnberger Prozess wegen Verbrechen gegen die Menschlichkeit zu 20 Jahren Haft verurteilt.
Fritz Saukel (1894 Haßfurt – 1946 Nürnberg), seit 1927 NSDAP-Gauleiter in Thüringen, 1942 bis 1945 Generalbevollmächtigter für den Arbeitseinsatz unter Adolf Hitler. Im Nürnberger Prozess zum Tod durch den Strang verurteilt.

Alfred Jodl (1890 Würzburg – 1946 Nürnberg), deutscher Heeresoffizier, als Chef des Wehrmachtführungsstabes im Oberkommando der Wehrmacht maßgeblich an der Planung der deutschen Militäroperationen beteiligt. Im Nürnberger Prozess zum Tod durch den Strang verurteilt.
Franz von Papen (1879 Werl – 1969 Obersasbach), deutscher Politiker, bis 1932 in der Zentrumspartei. 1932 Reichskanzler und 1933 bis 1934 Vizekanzler im ersten Kabinett Hitler. Im Nürnberger Prozess in allen Anklagepunkten freigesprochen, vom Entnazifizierungsgericht zu acht Jahren Arbeitslager verurteilt.
Arthur Seyß-Inquart geboren als Arthur Zajtich (1892 Stannern – 1946 Nürnberg), österreichischer Jurist, machte in der NS-Zeit in unterschiedlichen Funktionen Karriere. Wurde im Nürnberger Prozess in drei von vier Anklagepunkten schuldig gesprochen und als Kriegsverbrecher hingerichtet.
Albert Speer (1905 Mannheim – 1981 London), führender Architekt und zentraler Organisator des Nationalsozialismus, leitete von 1942 bis zum Kriegsende die Kriegswirtschaft des Deutschen Reichs. Im Nürnberger Prozess zu 20 Jahren Haft verurteilt.

Konstantin von Neurath (1873 Kleinglattbach/Württemberg – 1956 Enzweihingen/Baden-Württemberg), deutscher Politiker, Mitglied der NSDAP und der SS. Von 1932 bis 1938 Außenminister, zwischen 1939 und 1941 Reichsprotektor von Böhmen und Mähren. Im Nürnberger Prozess zu 15 Jahren Haft verurteilt.
Hans Fritzsche (1900 Bochum – 1953 Köln), Journalist, höchster Beamter im Propagandaministerium unter Josef Goebbels, im Nürnberger Prozess freigesprochen, vom Entnazifizierungsgericht zu neun Jahren Arbeitslager verurteilt.
Hermann Göring (1893 Rosenheim – 1946 Nürnberg), Oberbefehlshaber der deutschen Luftwaffe im Zweiten Weltkrieg und einer der führenden Politiker in der Zeit des Nationalsozialismus. Im Nürnberger Prozess zum Tod durch den Strang verurteilt, entzog sich der Vollstreckung des Urteils durch Suizid.

Rudolf Heß (1894 Alexandria/ Ägypten – 1987 Berlin), nationalsozialistischer Politiker, fanatischer Propagandist des Führerkultes. Ab 1933 Reichsminister ohne Geschäftsbereich, ab 1939 Mitglied des Ministerrates für Reichsverteidigung und Stellvertreter Hitlers. Im Nürnberger Prozess in zwei von vier Anklagepunkten schuldig gesprochen und zu lebenslanger Haft verurteilt. Starb 1987 durch Suizid im Kriegsverbrechergefängnis Spandau.
Joachim von Ribbentrop (1893 Wesel – 1946 Nürnberg), NSDAP-Politiker, 1938 bis 1945 Außenminister des Deutschen Reiches. Im Nürnberger Prozess in allen vier Anklagepunkten schuldig gesprochen und zum Tod durch den Strang verurteilt.
Wilhelm Keitel (1882 Helmscherode – 1946 Nürnberg), deutscher Heeresoffizier, 1938 bis 1945 Chef des Oberkommandos der Wehrmacht. Im Nürnberger Prozess in allen vier Anklagepunkten schuldig gesprochen und zum Tod durch den Strang verurteilt.
Ernst Kaltenbrunner (1903 Ried im Innkreis/Österreich – 1946 Nürnberg), promovierter Jurist, machte im Dritten Reich politische Karriere im Polizei- und Sicherheitsdienstapparat. Im Nürnberger Prozess in zwei von drei Anklagepunkten schuldig gesprochen und zum Tod durch den Strang verurteilt.

Alfred Rosenberg (1893 Reval/ Russland, heute Tallinn/Estland – 1946 Nürnberg), führender NSDAP-Ideologe. Verfolgte als Leiter des Reichsministeriums für die besetzten Ostgebiete das Projekt der Germanisierung dieser Gebiete und die systematische Vernichtung der Juden. Im Nürnberger Prozess als Hauptschuldiger der NS-Kriegsverbrechen angeklagt, in allen vier Anklagepunkten schuldig gesprochen und zum Tode verurteilt.
Hans Frank (1900 Karlsruhe – 1946 Nürnberg), nationalsozialistischer Politiker, höchster Jurist im Dritten Reich und Rechtsanwalt Hitlers, zählte zu den „ältesten Kämpfern" in dessen Gefolgschaft. Im Nürnberger Prozess in zwei von drei Anklagepunkten schuldig gesprochen und zum Tode verurteilt.
Wilhelm Frick (1877 Alsenz/Rheinhessen – 1946 Nürnberg), nationalsozialistischer Politiker, unter anderem 1933 bis 1943 Reichsminister des Inneren. Spielte eine maßgebliche Rolle bei Aufbau und Durchsetzung des NS-Staates, wurde als Kriegsverbrecher hingerichtet.
Julius Streicher (1885 Fleinhausen/Schwaben – 1946 Nürnberg), nationalsozialistischer Politiker, Gründer, Eigentümer und Herausgeber des antisemitischen Hetzblattes „Der Stürmer". Wurde wegen Verbrechen gegen die Menschlichkeit zum Tod durch den Strang verurteilt.

Walter Funk (1890 Trakehnen/ Ostpreußen, heute Jasnaja Poljana/Russland – 1960 Düsseldorf), Journalist. In der Zeit des Nationalsozialismus Wirtschaftsminister und Reichsbankpräsident. Im Nürnberger Prozess in drei von vier Anklagepunkten schuldig gesprochen und zu lebenslänglicher Haft verurteilt.
Hjalmar Schacht (1877 Tingleff/ Nordschleswig – 1970 München), Politiker, Bankier, von 1923 bis 1930 und 1933 bis 1939 Reichsbankpräsident, 1934 bis 1937 auch Reichswirtschaftsminister. Im Nürnberger Prozess in allen Anklagepunkten freigesprochen, von einem Entnazifizierungsgericht zu acht Jahren Arbeitslager verurteilt.
6 **Joseph Goebbels** (1897 Rheydt, heute Mönchengladbach – 1945 Berlin), nationalsozialistischer Politiker. Vertrauter Hitlers, ab 1933 Reichsminister für Volksaufklärung und Propaganda. Hauptverantwortlicher für den Holocaust an den europäischen Juden, Sinti und Roma.
8 **Adolf Ziegler** (1892 Bremen – 1959 Varnhalt), Maler. 1936 bis 1943 Präsident der Reichskammer der Bildenden Künste, leitete im Auftrag Hitlers ab 1937 die „Reinigung" der deutschen Museen und Galerien von „entarteter Kunst".
9 **Klaus Richter** (1887 Berlin – 1948 Berlin), Maler und Schriftsteller.

1949
1 **Hannes Kilian** (1909 Ludwigshafen/Bodensee – 1999 Wäschenbeuren/Baden-Württemberg), Fotograf.
3 **Fritz Eschen** (1900 Berlin – 1964 Melk), Fotograf.
7 **Wieland Herzfelde**, eigentlich Herzfeld (1896 Weggis/Schweiz – 1988 Ost-Berlin), Bruder von John Heartfield. Publizist, Autor und Verleger. Gründete 1917 den Malik-Verlag, der politisch brisante Zeitschriften und Kunstmappen veröffentlichte und Sprachrohr der Dadaisten war.
Bertolt Brecht (1898 Augsburg – 1956 Ost-Berlin), einflussreichster deutscher Dramatiker und Lyriker des 20. Jahrhunderts.

1954
1 **Josef Heinrich Darchinger** (1925 Bonn), Fotograf.
2 **Willi Moegle** (1897 Esslingen – 1989 Leinfelden-Echterdingen), Sach- und Werbefotograf.
3 **Herbert Tobias** (1924 Dessau – 1982 Hamburg), Fotograf. Vermachte seinen fotografischen Nachlass der Berlinischen Galerie.
5 **Walter Hallstein** (1901 Mainz – 1982 Stuttgart), Jurist und Politiker (CDU). 1958 Vorsitzender der Europäischen Kommission.
6 **Ludwig Erhard** (1897 Fürth – 1977 Bonn), christdemokratischer Politiker. 1949 bis 1963 Bundesminister für Wirtschaft, 1963 bis 1966 Bundeskanzler der Bundesrepublik Deutschland. Vater der sozialen Marktwirtschaft und des „Wirtschaftswunders" nach dem Zweiten Weltkrieg.
7a **Carl Degener** (1900 Bremen – 1960 Bremen), Jurist und Reiseunternehmer. Gründete 1951 das Reiseunternehmen TOUROPA.
8 **Werner Heldt** (1904 Berlin – 1945 San Angelo/Italien), Maler. Flüchtete 1933 vor den Nationalsozialisten nach Mallorca.

1959
6 **Konrad Adenauer** (1876 Köln – 1967 Rhöndorf/Bad Honnef), 1917 bis 1933 Oberbürgermeister der Stadt Köln, 1949 bis 1963 erster Bundeskanzler der Bundesrepublik Deutschland.
8 **Hans Laabs** (1915 Treptow/Rega, heute Trzebiatów/Polen – 2004 Berlin), Maler.
9 **Gerhard Altenbourg** (1926 Rödichen-Schnepfental – 1989 Meißen), Maler und Grafiker.

1964
1 **Marika Kilius** (1943 Frankfurt/Main), Eiskunstläuferin. Gewann 1960 und 1964 mit ihrem Partner Hans-Jürgen Bäumler die Silbermedaille bei den Olympischen Spielen.
Hans-Jürgen Bäumler (1942 Dachau), Eiskunstläufer, Schauspieler, Schlagersänger und Moderator.
6 **Nelly Sachs** (1891 Berlin – 1970 Stockholm), Schriftstellerin, Lyrikerin jüdischen Glaubens. Nobelpreis für Literatur 1966.
7 **Harold Macmillian** (1894 Brixton/Großbritannien – 1986 Sussex/Großbritannien), britischer Politiker der konservativen Partei und Premierminister von 1957 bis 1963.
Charles de Gaulle (1890 Lille/Frankreich – 1970 Colombey-les-Deux-Églises/Frankreich), französischer General und Politiker.
8 **Wolfgang Petrick** (1939 Berlin), Maler, Grafiker und Bildhauer.

1969
2 **Andreas Baader** (1943 München – 1977 Stuttgart-Stammheim), führender Kopf der Roten Armee Fraktion (RAF). Wurde 1972 verhaftet, nahm sich in seiner Gefängniszelle das Leben.
5 **Rudi Dutschke** (1940 Schönefeld/Brandenburg – 1979 Århus/Dänemark), marxistischer Soziologe. Führer der westdeutschen und West-Berliner Studentenbewegung der 1960er Jahre. Starb an den Spätfolgen eines Attentats.
6a **Wernher von Braun** (1912 Wirsitz/Provinz Posen, heute Wyrzysk/Polen – 1977 Alexandria/USA) war ein deutsch-US-amerikanischer Raketentechniker, Pionier der Raumfahrt.
8 **Harald Duwe** (1926 Hamburg – 1984 Tremsbüttel), Maler.

1974
1 **Golda Meir** (1898 Kiew/Russland, heute Ukraine – 1978 Jerusalem/Israel), israelische Politikerin. 1949 bis 1956 Arbeitsministerin, 1956 bis 1965 Außenministerin, 1969 bis 1974 Premierministerin Israels.
Willy Brandt (1913 Lübeck – 1992 Unkel/Rheinland-Pfalz), sozialdemokratischer Politiker. 1957 bis 1966 Regierender Bürgermeister von Berlin, 1969 bis 1974 Bundeskanzler der Bundesrepublik Deutschland. Betrieb auf Entspannung ausgerichtete Ostpolitik. Friedensnobelpreis 1971.
4 **Helmut Schmidt** (1918 Hamburg), sozialdemokratischer Politiker. 1974 bis 1982 Bundeskanzler der Bundesrepublik Deutschland. Seit 1983 Mitherausgeber der Wochenzeitung „DIE ZEIT".
Erich Honecker (1912 Neunkirchen/Saar – 1994 Santiago de Chile), Politiker. 1971 bis 1989 Erster Sekretär/Generalsekretär des Zentralkomitees der SED, ab 1976 auch Staatsratsvorsitzender der DDR. Trat am 18. Oktober 1989 von allen Ämtern zurück. Floh 1993 nach Chile, um sich der Verhaftung zu entziehen.
6 **Heinrich Böll** (1917 Köln – 1985 Kreuzau-Langenbroich), Schriftsteller und Übersetzer. Zählt zu den bedeutendsten deutschen Autoren der Nachkriegszeit. Nobelpreis für Literatur 1972.
8 **Bernhard Heisig** (1925 Breslau/Schlesien, heute Wrocław/Polen), Maler. Vertreter der Leipziger Schule.

1979
1 **Loriot**, alias Vicco von Bülow (1923 Brandenburg/Havel), Komödiant und Humorist, Zeichner, Schriftsteller, Bühnenbildner, Kostümbildner, Schauspieler, Regisseur und Professor für Theaterkunst.
3 **Abisag Tüllmann,** (1935 Hagen – 1996 Frankfurt), Fotografin.
7 **Klaus Staeck** (1938 Pulsnitz/Oberlausitz), Grafikdesigner, Karikaturist, Jurist. Seit 2006 Präsident der Akademie der Künste Berlin.
8 **Konrad Klapheck** (1935 Düsseldorf), Grafiker, Maler, Professor (em.) an der Kunstakademie Düsseldorf. Gilt als Klassiker der Nachkriegs-Avantgarde.

1984
1 **August Strindberg** (1849 Stockholm – 1912 Stockholm), schwedischer Schriftsteller und Künstler.
Volker Pfüller (1939 Berlin), Illustrator, Grafiker, Professor an der Kunsthochschule Berlin-Weißensee.
4 **Ralf Hirsch** (1960 Berlin), Gründungsmitglied der „Initiative für Frieden und Menschenrechte", organisierte die Arbeiten für die Samisdat-Zeitschrift „Grenzfall".
Ulrike Poppe (1953 Rostock), Mitglied der „Initiative für Frieden und Menschenrechte", 2000 mit dem Gustav-Heinemann-Preis ausgezeichnet.
Martin Böttger (1947 Frankenhain/Thüringen) Vertreter der Bürgerrechtsbewegung in der DDR. Leitet seit 2001 die Chemnitzer Außenstelle der Bundesbeauftragten für die Unterlagen des Staatssicherheitsdienstes der ehemaligen DDR.
Antje Böttger (Daten nicht bekannt) Vertreterin der Bürgerrechtsbewegung in der DDR.
Stephan Bickhardt (1959 Dresden), evangelischer Pfarrer und Vertreter der Bürgerrechtsbewegung in der DDR.
Reinhard Schult (1951 Berlin), Politiker, maßgeblicher Vertreter der DDR-Widerstandsbewegung, engagierte sich in der „Kirche von Unten", Gründungsmitglied des „Neuen Forums".
Bärbel Bohley (1945 Berlin), Malerin und Bürgerrechtlerin in der DDR. Mitbegründerin des „Neuen Forums".
Irena Kukutz (1950 o. O.), Vertreterin des „Neuen Forums" am zentralen frauenpolitischen Runden Tisch, 1990 bis 1995 Mitglied des Berliner Abgeordnetenhauses.

5 **Helmut Kohl** (1930 Ludwigshafen/Rhein), christdemokratischer Politiker. 1969 bis 1976 Ministerpräsident von Rheinland-Pfalz, 1982 bis 1998 Bundeskanzler der Bundesrepublik Deutschland.
6 **Heiner Müller** (1929 Eppendorf/Sachsen – 1995 Berlin), Schriftsteller, Intendant, Regisseur. Zählt zu den wichtigsten deutschen Dramatikern der zweiten Hälfte des 20. Jahrhunderts.
Jürgen Haufe (1949 Ohorn/Sachsen – 1999 Dresden), Gebrauchsgrafiker, Professor an der HfBK Dresden.
8 **Wolfgang Mattheuer** (1927 Reichenbach/Voigtland – 2004 Leipzig), Maler, Grafiker, Bildhauer. Hauptvertreter der Leipziger Schule.

1989
2 **Günter Zint** (1941 Fulda), Fotograf.
8 **Heinrich Tessmer** (1943 Chemnitz-Rottluff), Maler.

1994
1 **Michael Sowa** (1945 Berlin), Maler und Zeichner.
2 **Michael Schumacher** (1969 Hürth-Herrmulheim), Automobilrennfahrer, gewann sieben Mal die Formel-1-Weltmeisterschaft.
3 **Horst Haitzinger** (1939 Eferding/Österreich), einer der bekanntesten politischen Karikaturisten in Deutschland.
8 **Ulrich Baehr** (1938, Bad Kösen/Saale), Maler.

1999
1 **Josef „Joschka" Fischer** (1948 Gerabronn/Württemberg), ehemaliger Politiker (BÜNDNIS 90/DIE GRÜNEN). 1998 bis 2005 Außenminister und Vizekanzler der Bundesrepublik Deutschland.
5 **Günter Grass** (1927 Langfuhr/Freie Stadt Danzig, heute Gdańsk-Wrzeszcz/Polen), Schriftsteller, Bildhauer, Maler, Grafiker. Zählt zu den bedeutendsten deutschsprachigen Autoren der Gegenwart. Nobelpreis für Literatur 1999.
Joseph Gallus Rittenberg (1948 Linz/Österreich), Fotograf, Bühnenbildner und Maler.
8 **Wolfram Odin** (1954 Bordesholm), Maler.

2004
1 **Wladimir Putin** (1952 Leningrad/UdSSR, heute Sankt Petersburg/Russland), Politiker. 2000 bis 2008 Präsident, seitdem Ministerpräsident Russlands.
4 **Henning Onken** (1973 Oldenburg), Bildjournalist.
8 **Esther Horn** (1965 Bensberg), Malerin.

2009
1 **Barack Obama** (1961 Honolulu/USA), Jurist, Politiker. Seit 2009 Präsident der Vereinigten Staaten von Amerika. Erster Afroamerikaner in diesem Amt.
Michelle Obama (1964 Chicago/USA), Juristin, erste afroamerikanische First Lady der USA.
8 **Zelko Wiener** (1953 Banja Koviljaca/Jugoslawien, heute Serbien – 2006 Wien), Künstler.
Ursula Hentschläger (1963, Linz/Österreich), Autorin.

Autorenverzeichnis

Ausländer, Rose
1901 Czernowitz/Österreich-Ungarn, heute Ukraine – 1988 Düsseldorf

Bachmann, Ingeborg
1926 Klagenfurth/Österreich – 1973 Rom

Benn, Gottfried
1886 Mansfeld/Brandenburg – 1956 Berlin

Borchert, Wolfgang
1921 Hamburg – 1947 Basel/Schweiz

Brasch, Thomas
1945 Westow/Großbritannien – 2001 Berlin

Brecht, Bertolt
1898 Augsburg – 1956 Ost-Berlin

Broch, Hermann
1886 Wien – 1951 New Haven/USA

Busch, Wilhelm
1832 Wiedensahl bei Stadthagen – 1908 Mechtshausen

Celan, Paul
1920 Czernowitz/Rumänien, heute Ukraine – 1970 Paris

Däubler, Theodor
1876 Triest/Österreich-Ungarn, heute Italien – 1934 St. Blasien/Schwarzwald

Dauthendey, Max
1867 Würzburg – 1918 Malang/Java, heute Indonesien

Dehmel, Richard
1863 Hermsdorf/Brandenburg –
1920 Blankenese, heute Hamburg

Delius, Friedrich Christian
1943 Rom

Domin, Hilde
1909 Köln – 2006 Heidelberg

Enzensberger, Hans Magnus
1929 Kaufbeuren

Fried, Erich
1921 Wien – 1988 Baden-Baden

George, Stefan
1868 Büdesheim – 1933
Minusio/Schweiz

Grass, Günter
1927 Langfuhr/ Freie Stadt Danzig,
heute Gdańsk-Wrzeszcz/Polen

Heißenbüttel, Helmut
1921 Rüstringen – 1996 Glückstadt

Herrmann-Neiße, Max
1886 Neiße/Oberschlesien, heute
Nysa/Polen – 1941 London

Hofmannsthal, Hugo von
1874 Wien – 1929 Rodaun bei Wien

Huch, Ricarda
1864 Braunschweig – 1947
Schönberg im Taunus

Kästner, Erich
1899 Dresden – 1974 München

Kaléko, Mascha
1907 Schidlow/Österreich-Ungarn,
heute Chrzanów/Polen –
1975 Zürich

Kaschnitz, Marie Luise
1901 Karlsruhe – 1974 Rom

Lasker-Schüler, Else
1869 Elberfeld, heute
Wuppertal – 1945 Jerusalem/
Palästina, heute Israel

Meyer, Conrad Ferdinand
1825 Zürich – 1898 Kilch-
berg bei Zürich

Morgenstern, Christian
1871 München – 1914 Meran/
Tirol, heute Italien

Nietzsche, Friedrich
1844 Röcken bei Lützen –
1900 Weimar

Rilke, Rainer Maria
1875 Prag/Österreich-Ungarn, heute
Tschechische Republik – 1926
Valmont bei Montreux/Schweiz

Ringelnatz, Joachim
1883 Wurzen bei Leipzig – 1934 Berlin

Roth, Eugen
1895 München – 1976 München

Rühmkorf, Peter
1929 Dortmund – 2008 Roseburg

Sachs, Nelly
1891 Berlin – 1970 Stockholm

Schnurre, Wolfdietrich
1920 Frankfurt/Main – 1989 Kiel

Trakl, Georg
1887 Salzburg – 1914 Krakau/
Österreich-Ungarn, heute Polen

Toller, Ernst
1893 Samotschin/Provinz Posen,
heute Polen – 1939 New York

Tucholsky, Kurt
1890 Berlin – 1935 Göte-
borg/Schweden

Walser, Martin
1927 Wasserburg/Bodensee

Werfel, Franz
1890 Prag/Österreich-Ungarn,
heute Tschechische Republik –
1945 Beverly Hills/USA

Wolfenstein, Alfred
1888 Halle/Saale – 1945 Paris

Autorennachweis

Ausländer, Rose
In Memoriam Paul Celan – S. 99
aus: Rose Ausländer, Hügel aus Äther unwiderruflich. Gedichte und Prosa 1966–1975.
© 1984 S. Fischer Verlag GmbH, Frankfurt/Main
In jenen Jahren – S. 100
aus: Rose Ausländer, Gesammelte Werke in sieben Bänden. Vol. 2. Die Sichel mäht die Zeit zu Heu.
© 1985 S. Fischer Verlag GmbH, Frankfurt/Main

Bachmann, Ingeborg
Alle Tage – S. 70
Entfremdung – S. 80
Ingeborg Bachmann: Werke, Band 1
© 1978 Piper Verlag GmbH, München

Benn, Gottfried
Abschied – S. 142
aus: Gottfried Benn, Statische Gedichte
Herausgegeben von Paul Raabe
© 1948, 2006 by Arche Literatur Verlag ag. Zürich-Hamburg
Kasino – S. 38
Choral – S. 61
Der Dunkle – S. 85
Nur zwei Dinge – S. 87
Restaurant – S. 105
Das Ganze – S. 118
Gottfried Benn. Sämtliche Gedichte
© 1998 Klett-Cotta, Stuttgart

Borchert, Wolfgang
Gedicht – S. 62
Brief aus Russland – S. 74
aus: Wolfgang Borchert, Das Gesamtwerk
Herausgegeben von Michael Töteberg unter Mitarbeit von Irmgard Schindler
© 2007 Rowohlt Verlag GmbH, Reinbek bei Hamburg

Brasch, Thomas
Trennung oder eine Konjugation – S. 88
Ich bin mit 31 Jahren in dieses Land gekommen – S. 108
Mein Volk ist frei. Jetzt kann es tun – S. 120
Ja, in der Liebe war es wie im Sport – S. 123
aus: Thomas Brasch, Wer durch mein Leben will, muß durch mein Zimmer. Gedichte aus dem Nachlaß. Herausgegeben von Katharina Thalbach und Fritz J. Raddatz
© 2002 Suhrkamp Verlag Frankfurt/Main

Brecht, Bertolt
Die Liebenden – S. 48
Deutschland – S. 60
Schlechte Zeit für Lyrik – S. 62
Bücherverbrennung – S. 66
An die Nachgeborenen – S. 68
Über die Bezeichnung Emigranten – S. 75
Rückkehr – S. 76
Bertolt Brecht, Gedichte 2, 4, 5, 6
© 1960, 1961, 1964
Suhrkamp Verlag Frankfurt/Main

Broch, Hermann
Das Unauffindbare – S. 91
Denn das Wahre ist ernst – S. 104
Hermann Broch, Gedichte (Kommentierte Werkausgabe, herausgegeben von Paul Michael Lützeler. Band 8)
© 1980 Suhrkamp Verlag Frankfurt/Main

Celan, Paul
Todesfuge – S. 73
aus: Paul Celan, Mohn und Gedächtnis
© 1952 Deutsche Verlags-Anstalt München in der Verlagsgruppe Random-House GmbH
Mit wechselndem Schlüssel – S. 82
Paul Celan, von Schwelle zu Schwelle
© 1955 Deutsche Verlags-Anstalt München in der Verlagsgruppe Random-House GmbH
Schliere – S. 89
Allerseelen – S. 91
aus: Paul Celan, Sprachgitter
© 1959 S. Fischer Verlag GmbH, Frankfurt/Main

Delius, Friedrich Christian
Hymne – S. 69
© F. C. Delius

Domin, Hilde
Exil – S. 67
Wunsch – S. 112
Ziehende Landschaft – S. 116
Nicht müde werden – S. 137
aus: Hilde Domin,
Gesammelte Gedichte
© 1987 S. Fischer Verlag GmbH,
Frankfurt / Main

Enzensberger, Hans Magnus
zweifel – S. 102
aus: Hans Magnus Enzensberger,
Blindenschrift
© 1969 Suhrkamp Verlag
Frankfurt / Main

Fried, Erich
Märchenende – S. 78
aus: Erich Fried: Befreiung von
der Flucht
© 1968 Claassen Verlag in der Ullstein
Buchverlage GmbH, Berlin
Die Händler – S. 79
Erich Fried, Warngedichte
© 1979 Carl Hanser Verlag München
Begräbnis meines Vaters – S. 80
aus: Gesammelte Werke Band 1
© 1993 Verlag Klaus Wagenbach
Im Frieden – S. 84
aus: Anfechtungen
© 1967 Verlag Klaus Wagenbach
Deutsche Ortsnamen – S. 96
Erich Fried, Zeitfragen
© 1968 Carl Hanser Verlag München

Günter Grass
Kinderlied – S. 127
aus: Günter Grass: Sämtliche Gedichte
Herausgegeben von Werner Frizen
© 2007 Steidl Verlag, Göttingen

Heißenbüttel, Helmut
Kombination IV – S. 94
Mit freundlicher Genehmigung
von Ida Heißenbüttel

Herrmann-Neiße, Max
Zerstörte Welt – S. 45
Ein deutscher Dichter ... – S. 64
Heimatlos – S. 65
Der Spiegel – S. 81
aus: Um uns die Fremde. Gedichte 2
Copyright © 1986 by
Zweitausendeins, Postfach 610 637,
60381 Frankfurt / Main

Huch, Ricarda
Nicht alle Schmerzen sind heilbar –
S. 21
Noch einmal dem Nichts entstiegen –
S. 76
Mit freundlicher Genehmigung
von Reglindis Boehm

Kästner, Erich
Hymnus auf die Bankiers – S. 51
*Kennst du das Land, wo die Kanonen
blühn* – S. 57
Die andere Möglichkeit – S. 77
Sachliche Romanze – S. 110
Die Zeit fährt Auto – S. 124
Vornehme Leute – S. 133
Die Entwicklung der Menschheit –
S. 134
© Atrium Verlag Zürich
und Thomas Kästner

Kaléko, Mascha
Der kleine Unterschied – S. 63
aus: Mascha Kaléko, In meinen
Träumen läutet es Sturm
© 1977 Deutscher Taschen-
buch Verlag, München

Kaschnitz, Marie Luise
Mein Land und Ihr – S. 25
Dein Schweigen – S. 98
Mit freundlicher Genehmigung
von Iris Schnebel-Kaschnitz

Loriot
Das Frühstücksei – S. 106
aus: Loriot, Gesammelte Prosa
Copyright © 2006 Diogenes AG Zürich
Mit freundlicher Genehmigung
von Vicco von Bülow

Lasker-Schüler, Else
Maienregen – S. 56
Ich liege wo am Wegrand – S. 63
Abends – S. 70
Aus der Ferne – S. 70
aus: Else Lasker-Schüler,
Gedichte (= Werke und Briefe.
Kritische Ausgabe. Band 1.1.)
© 1996 Jüdischer Verlag im
Suhrkamp Verlag Frankfurt / Main

Roth, Eugen
Ein Ausweg – S. 79
Einsicht – S. 84
Das Schnitzel – S. 86
Vieldeutig – S. 93
Die guten Bekannten – S. 103
Lichtblick – S. 105
aus: Eugen Roth, Sämtliche Werke.
Band 1/5, München – Wien 1977
Mit freundlicher Genehmigung
von Thomas Roth

Rühmkorf, Peter
Bleib erschütterbar und widersteh –
S. 143
aus: Peter Rühmkorf,
Gedichte – Werke 1
© 2000 by Rowohlt Verlag GmbH,
Reinbek bei Hamburg

Sachs, Nelly
In der Flucht welch großer Empfang –
S. 92
Kommt einer von ferne – S. 95
© 1961 Suhrkamp Verlag
Frankfurt / Main

Schnurre, Wolfdietrich
Auskunft – S. 113
© Marina Schnurre

Walser, Martin
Vergangenheit als Gegenwart – S. 114
aus: Martin Walser, Ein Springender
Brunnen. Roman
© 1998, Suhrkamp Verlag Frankfurt / Main, erste Auflage, Seite 9

Werfel, Franz
Ich trage viel in mir – S. 74
Der gute Mensch – S. 79
© Marina Mahler

Verzeichnis der Leihgeber
Wir danken den Leihgebern für die sehr hilfsbereite und freundliche Unterstützung der Ausstellung.

Stiftung Stadtmuseum Berlin,
Landesmuseum für Kultur und
Geschichte Berlins
Poststraße 13-14
10178 Berlin
(030) 240 02-162
stadtmuseum.de
S. 15 Paul Flickel: *Am Havelufer*
S. 19 Anton von Werner:
       *Kaiser Friedrich als Kron-
       prinz auf dem Hofball 1878*
S. 23 Fritz Gehrke: *Die Spren-
       gung des Berliner Doms*
S. 27 Hans Baluschek: *Arbeiterinnen*
S. 45 Erich Büttner: *Porträt
       Max Herrmann-Neiße*
S. 77 Karl Hofer: *Mädchen mit
       Triangel*
       Leihgabe der Losito Kressmann
       Zschach Foundation
       (Standort: Stiftung
       Stadtmuseum Berlin)

Bröhan-Museum, Landesmuseum
für Jugendstil, Art Deco und Funktionalismus (1889–1939), Berlin
Schlossstraße 1a
14059 Berlin
(030) 32 69 06 00
broehan-museum.de
S. 30 Hans Baluschek:
       Die Straßenwalze

Deutsches Historisches Museum
Unter den Linden 2
10117 Berlin
(030) 203 04-0
dhm.de
S. 34 Otto Antoine: *Leipziger Platz*
S. 71 Adolf Ziegler: *Weiblicher Akt*
       (Standort: Germanisches
       Nationalmuseum Nürnberg)

Sammlung Gerhard Schneider
Olpe und Solingen
S. 38 Moriz Melzer: *Feldküche*
S. 59 Oscar Zügel:
       Propagandaminister
S. 65 Georg Netzband: *Der Sieger*

Berlinische Galerie, Landesmuseum
für Moderne Kunst, Fotografie und
Architektur
Alte Jakobstraße 124–128
10969 Berlin
(030) 789 02-600
berlinischegalerie.de
S. 49 Hannah Höch: *Der Zaun*
S. 83 Werner Heldt: *Häuserstilleben*

Sammlung Deutsche Bank
S. 55 Karl Hofer: *Arbeitslose*

Stiftung Kunstforum der
Berliner Volksbank
Budapester Straße 35
10787 Berlin
(030) 30 63-0
kunstforum-berliner-volksbank.de
S. 87 Hans Laabs: *Die Wartende*
S. 89 Gerhard Altenbourg: *Herr
       Fack steht an der Mauer*
S. 93 Wolfgang Petrick:
       Die Unseriösen
S. 101 Berhard Heisig: *Der
       kleine Katastophenfilm*
S. 111 Wolfgang Mattheuer: *Und die
       Flügel ziehen himmelwärts*
S. 115 Heinrich Tessmer:
       Sich Erinnernder

Stiftung Haus der Geschichte
der Bundesrepublik Deutschland
Willy-Brandt-Allee 14
53113 Bonn
(02 28) 916 50
hdg.de
S. 97 Harald Duwe: *Vater mit
       Kind vor Straßenkreuzer*

Sammlung WGZ BANK
S. 107 Konrad Klapheck:
       Die Fanatikerin
S. 125 Wolfram Odin: *Was treibst
       du so am Wochenende?*

Ulrich Baehr, Berlin
S. 121 Ulrich Baehr: *Lenins
       Schlaf: Die Flut*

Esther Horn, Berlin
S. 129 Esther Horn: *nachts
       (fading) 1–3*

Ursula Hentschläger und
Gregor Grkinic, Wien
S. 135 Ursula Hentschläger & Zelko
       Wiener: *TITANEN > Tethys*

Impressum und Danksagung

Idee, Konzeption,
Redaktion und Gestaltung
Ulrike Damm, Berlin
www.ulrikedamm.de

Produktion von
Ausstellung und Buch
**Ulrike Damm | Kulturprojekte
für Unternehmen**

Projektassistenz
Dorothee Lindlar

Redaktionelle Mitarbeit
**Renate Feder, Petra Boden,
Stefan Boberg**

Zusammenstellung der CD
Peter Sommeregger, Berlin
© for this compilation

Lektorat
Bettina Liebler, Kiel

Satz, Reinzeichnung
und Bildbearbeitung
Achim Bodewig, Berlin
www.achimbodewig.de

Druck des Kataloges
Raiffeisendruckerei, Neuwied

Produktion der
Ausstellungswände
**msh messe services hagenaars
Bernd Hagenaars, Düsseldorf**

Öffentlichkeitsarbeit
Hans Hütt Public Affairs
www.hans-huett.de

Transporte
**Hasenkamp
Internationale Transporte, Köln**

© **Damm und Lindlar Verlag
Berlin 2009**

Printed in Germany
ISBN 978-3-9812268-5-0
www.dammundlindlar-verlag.de

Wir danken Renate Flagmeier,
Dr. Bärbel Mann, Angelika
Reimer, Eckhard Siepmann,
Dr. Heinz Stahlhut, Dr. Dieter
Vorsteher, Dr. Martina Weinland
und Dr. Klaus Ulrich Werner
für die engagierte Unterstützung
eines ungewöhnlichen Projekts.

Insbesondere ist dem Vorstand
der WGZ BANK zu danken,
der dieses Projekt ermöglicht und
es vertrauensvoll in unsere Hände
gegeben hat.

Ebenfalls gilt unser Dank
Agnes Meier für die sehr
konstruktive und fördernde
Begleitung.